suhrkamp taschenbuch 3278

Eine übersichtlich knappe, thematisch gegliederte, jeweils mit kurzen Einleitungen versehene Auswahl aus Ciorans Aphorismen und Essays präsentiert dieses Lesebuch von Thomas und Simone Stölzel. Es lädt zu einer ersten Bekanntschaft mit Werk und Welt des 1911 in Siebenbürgen geborenen und 1995 in Paris gestorbenen rumänischen Aphoristikers »auf den Gipfeln der Verzweiflung« – wie eines seiner Bücher heißt – ein.

»Meine Feigheit vorm Leben ist angeboren. Stets graute mir vor jeder Verantwortung, jeder Aufgabe – instinktive Abscheu vor allem, was mich nicht unmittelbar anging. Das Gegenteil von einem ›Anführer‹. Und wenn ich als junger Mensch oftmals Gott beneidete, war es nicht vielleicht darum, weil mir Gott, der über allem stand, als verantwortungslos schlechthin erschien?«

Zersplitternde Gewißheiten

Ein E. M. Cioran-Lesebuch

Herausgegeben und
mit einem Vorwort versehen von
Thomas und Simone Stölzel

Suhrkamp

2. Auflage 2016

Erste Auflage 2002
suhrkamp taschenbuch 3278

Printed in Germany
Umschlag: hißmann, heilmann, hamburg
ISBN 978-3-518-39778-7

Inhalt

Vorwort

Eine ›Ordnung‹ der ›Unordnung‹

In Memoriam
Kurt Hirschburger
(1915-2000)

Die hier vorliegende Anthologie aus den Schriften, Briefen und Gesprächen E. M. Ciorans ist in deutscher Sprache die erste. Die Herausgeber sind sich bewußt, daß andere Anordnungen, Rubriken oder Auswahlen möglich gewesen wären. Andere Herausgeber befördern andere Perspektiven, dies wird bei Autoren, denen mehrere Anthologien gewidmet wurden, augenfällig, wenngleich auch die Unterschiede nicht so groß ausfallen, daß gewissermaßen ein neuer Autor vor dem Leser ersteht.

Hier nun wurde der Versuch unternommen, wesentliche Themen und Aspekte, die Cioran schriftlich oder mündlich zur Sprache gebracht hat, zu berücksichtigen und in eine plausible Ordnung zu bringen. Dies war bei Ciorans Texten leichter und unbedenklicher, als es bei Anthologien anderer, weniger aphoristischer Autoren der Fall ist. Denn von allen Gattungen, die Cioran gepflegt hat, ist die aphoristische die umfangreichste. Demzufolge sind die meisten Texte, die der Leser hier vor Augen bekommt, ›ungekürzte‹ Aphorismen. Und selbst viele seiner Essays, lyrischen Philosopheme, Porträts oder gedruckte Gespräche enthalten zugespitzte und in sich abgeschlossene Partien von ausgeprägt aphoristischem Charakter.

Bei der hier vorliegenden Auswahl handelt es sich jedoch nicht um eine rein aphoristische Anthologie. Um den ›längeren‹ Cioran vorzustellen, wurden auch einige markante und typische Beispiele seiner essayistischen Prosa in ihren unterschiedlichen Ausgestaltungen und Nuancierungen ungekürzt aufgenommen. Um der Anforderung gerecht zu werden, einen möglichst repräsentativen Querschnitt des Werkes von E.M. Cioran vorzustellen, erwies sich eine Folge von thematischen Rubriken als besonders günstige Form, die ausgewählten Texte anzuordnen. Denn zum einen lehnt sich dieses Verfahren eng an Ciorans eigene Ordnungsweisen an – er hat im Unterschied zu anderen aphoristischen Autoren wie z.B. Lec oder Canetti seine kurzen wie auch seine umfangreichen Texte nicht nach chronologischen, sondern zumeist nach thematischen Folgen versammelt; zum anderen ergeben sich durch die jeweils gelenkte Häufung eines bestimmten Aspekts oder Themas neue Lektüremöglichkeiten, werden bestimmte Fragen und Probleme synchron vergegenwärtigt, bildet sich Ciorans schweifend-antisystematische Reflexionstätigkeit, die ein Sujet von verschiedenen, nicht selten gegensätzlichen Seiten anzupacken versucht, ziemlich kongruent ab.

Aphoristische Texte besitzen den Vorzug, daß man sie in unterschiedlichster Weise zueinander in Beziehung setzen, die einzelnen ›Mitglieder‹ immer wieder zu neuen, anregenden ›Gesellschaften‹ gruppieren kann; sie eignen sich gut für Anthologien. Innerhalb der jeweiligen Rubriken wurden die einzelnen Texte so angeordnet, daß sie die anregend-widerspruchsreiche Persönlichkeit Ciorans möglichst genau widerspiegeln. Das dabei leitende Prinzip war die produktiv-irritierende Konterkarierung und der abrupte Perspektivenwechsel.

Jede Rubrik wird durch einen kurzen Vortext eingeleitet, der natürlich aufgrund seiner Gedrängtheit über das Thema, zu dem er hinführt, nur ein erstes Orientierungswissen beisteuern kann und vornehmlich für solche Leser geschrieben worden ist, die das Œuvre kaum oder nur dem Namen nach kennen. Leser, die ihr Wissen über diesen Autor vertiefen möchten, seien auf eine Auswahlbibliographie am Ende dieses Buches verwiesen.

Der thematische Bogen, mit dessen Hilfe die Gedankenwelt dieses rumänisch-französischen Schriftsteller-Philosophen hier vorgestellt werden soll, beginnt in *Über mich selbst* mit Aussagen Ciorans zu seiner Herkunft, seinen Prägungen und Eigenarten, seinen Vorlieben und Abneigungen; *Frankreich und Rumänien* versammelt dann Einsichten und Ansichten zu Ciorans lebens- wie werksbestimmender ›Doppelexistenz‹. In *Stil, Sprache, Literatur* kommen Ciorans Verhältnis zum geschriebenen Wort sowie sein Selbstverständnis als Autor und Stilist zur Sprache. In *Philosophie – Antiphilosophie* werden Einblicke in die Art seines Philosophierens sowie sein Verhältnis zur philosophischen Tradition gegeben. In *Das Nichts – die Leere* kommen seine Neigungen und Erfahrungen im Umgang mit fernöstlichen Denkstilen in den Blick. In *Religionen* werden seine Haltungen zu den verschiedenen metaphysischen Möglichkeiten sichtbar. In *Kraft der Negation* erscheint ein wichtiger Aspekt seines Denkens und Erkenntnisverhaltens – der hyperbolisch-diätetische Umgang mit Verzweiflung und existentieller Verneinung. In *Augenblicke* wird Ciorans Verhältnis und heuristische Haltung zu dem philosophischen Potential der kleinsten Zeit- und Erlebniseinheiten deutlich. In *Existieren* erscheinen Aspekte der Metaposition, die er dem Sein wie dem Nicht-Sein gegenüber einnimmt. In der Rubrik *Porträt* wird der Leser mit einer Variante von Ciorans essayistischer Prosa bekannt gemacht, in welcher auf konzise Weise charakteristische Momente einer Person erfaßt werden. In *Paradoxie* scheinen in zumeist kurzen Sentenzen Elemente aus dem Repertoire seiner Widerspruchskultur wie seiner persönlichen Antinomien auf. Die Rubrik *Schlaflosigkeit* behandelt einen generierenden Aspekt seines Lebens und Denkens – die Auswirkungen existentieller Einsichten, die während Phasen des nächtlichen Nicht-Schlafs erfahren worden sind –, und schließlich *Skepsis* die anregenden Beiträge, die Cioran zu dieser wichtigen philosophischen Tradition und existentiellen Haltung gegeben hat.

Nimmt man den angenehm gestalteten und reich bebilderten Œuvre-Band mit seinen achtzehnhundert Seiten, den Ciorans französischer Hausverlag Gallimard im Jahre seines Todes herausgebracht hat, als Bezugsgröße, dann gibt die hier vorgenommene Auswahl etwa ein Neuntel seines Werkes wieder.

Eine ausführliche und kritisch abgewogene Biographie über Cioran gibt es zumindest auf deutsch nicht; diese Lücke bildet ein echtes Desiderat. Denn die Literatur, die bislang zum Leben dieses Schriftsteller-Philosophen vorliegt, ist entweder emphatisch, einseitig oder aber zu lükkenhaft. Das gilt vor allem für Ciorans erste Lebenshälfte, seine frühen rumänischen und ersten französischen Jahre sowie für die Zeit während des Zweiten Weltkriegs. Die Jahre nach 45 sind besser und ausführlicher dokumentiert. Betrachtet man die vorliegenden einschlägigen Selbstaussagen Ciorans sowie die Stimmen der Sekundärliteratur, so fallen immer wieder Unstimmigkeiten, Lücken und Ungenauigkeiten auf. Die hier eingeschalteten biographischen Angaben müssen als Teil des Vorworts natürlich kursorisch bleiben; sie dienen vornehmlich dazu, den mit diesem Autor noch wenig bekannten Lesern eine erste Vorstellung über seinen Werdegang zu vermitteln.

Emil Cioran, der seit seinem ersten französisch geschriebenen Buch unter dem Namen E. M. Cioran (vielleicht in Anlehnung an E. M. Forster) veröffentlichte, kommt am 8. April 1911 in Rasinari, einem karpatischen Bergdorf unweit der siebenbürgischen Grenzstadt Sibiu/Hermannstadt, zur Welt. Sein Geburtsort gehört zu dieser Zeit noch zum ungarischen Teil der Habsburgermonarchie. Erst nach Ende des Ersten Weltkriegs – Cioran ist bereits sieben Jahre alt – kommt Siebenbürgen dann zu Rumänien. Ciorans Eltern sind beide stark mit der griechisch-orthodoxen Kirche verbunden; sein Vater Emilian bringt es vom Dorfpopen zum Metropoliten von Sibiu/Hermannstadt, seine Mutter Elvira wird ebendort zur Vorsitzenden der orthodoxen Frauen. Ungeachtet der hohen kirchlichen Ämter, die seine Eltern bekleiden, schilderte Cioran die Atmosphäre, in der er zusammen mit einer älteren Schwester und einem jüngeren Bruder aufwuchs, als tolerant und undogmatisch.

Prägend und nachwirkend scheint weiterhin – folgt man Ciorans diesbezüglichen Erinnerungen – das primitive und quasi vorzivilisatorische Leben gewesen zu sein, mit dem er als Kind in den Karpaten in Berührung kam. Diese vormoderne Welt seiner Kindheit mit ihrer noch großen Nähe zum kreatürlichen Leben bildet wohl das empirische Fundament seiner späteren skeptischen Invektiven gegen den Fortschrittsglauben. Der Umgebung von Rasinari kommt dabei der Status eines ›verlorenen Paradieses‹ zu. Cioran will intuitiv diesen Verlust bereits zu dem Zeitpunkt bemerkt haben, als er als Pensionsschüler in ein Hermannstädter Gymnasium kam. Das ›vertriebene Naturkind‹ entdeckt dort eine deutsche Bibliothek und beginnt dann als Jugendlicher erste Erfahrungen vor allem mit philosophischer Lektüre zu sammeln. Nach dem Abitur geht Cioran 1928 in eine noch größere Stadt, nämlich in die Kapitale Bukarest, um dort Philosophie und Ästhetik zu studieren. Er vertieft seine Lektüren, liest systematische wie antisystematische Denker, befaßt sich mit der Lebensphilosophie und den russischen Spiritualisten, nimmt am Bukarester Kulturleben teil, hält sich in einschlägigen Cafés auf, bringt erste Beiträge in Zeitschriften unter. In seiner Studentenzeit beginnt auch die für sein späteres Denken und Schreiben bedeutsame Phase einer chronischen Schlaflosigkeit, die – wie er es überlieferte – an die sieben Jahre gedauert haben soll.[1] Erst in Frankreich hat er sich mit Hilfe starker körperlicher Beanspruchung davon (teilweise) kuriert. 1932 legt Cioran das Universitätsexamen in Philosophie ab (mit den Schwerpunkten Philosophiegeschichte, Logik und pädagogische Theorie) und verfaßt eine bislang unveröffentlichte Diplomarbeit über den ›Intuitionismus‹ Henri Bergsons. Es folgt eine kurzlebige Faszination für die rumänische faschistische ›Eiserne Garde‹; Cioran wird jedoch anders als der mit ihm befreundete Religionswissenschaftler und Romancier Mircea Eliade kein Mitglied dieser extremistischen Gruppierung und distanziert sich später nachdrücklich von dem wahrscheinlich unpolitischen Enthusiasmus seiner Jungmännerzeit.

Mit Hilfe der Humboldtstiftung kann er von 1933 bis 1935 in Berlin, Dresden und München seine philosophischen Studien fortsetzen. Während dieser Jahre begegnet er den damals einflußreichen Denkern Nicolai Hartmann und Ludwig Klages; schreibt rasch und befeuert vom Sturm seiner nächtlichen Gedanken und Obsessionen sein erstes, bereits viele seiner späteren Ideen enthaltendes Buch *Auf den Gipfeln der Verzweiflung*, besucht das erstemal Paris und beschließt, sich möglichst bald dort niederzulassen. Doch zunächst – zurück in Rumänien – arbeitet er als Philosophielehrer an einem Gymnasium im siebenbürgischen Brasov/Kronstadt; diese geregelte Arbeit führt jedoch zu »unglaublichen Auseinandersetzungen mit den Schülern, mit den Kollegen, mit dem Schuldirektor«[2] und währt nur ein Jahr. Während dieser Phase schreibt und publiziert er weitere Bücher, darunter seine ersten aphoristischen Sammlungen (wie z. B. *Das Buch der Täuschungen* und *Von Tränen und von Heiligen*). Ende 1937 geht er als Sti-

1 »Alles, was ich in der Folge gedacht und später ausgearbeitet habe« – erklärt Cioran im Gespräch mit Michael Jakob – »ist während jener Nächte ›geboren‹ worden.« In: Michael Jakob, *Aussichten des Denkens*, München 1994, S. 11.

2 Vgl. Anm. 1, hier S. 16f.

pendiat des Institut français von Bukarest in seine Wahlstadt Paris unter dem Vorwand, dort eine Dissertation über ›Nietzsches Ethik‹ zu verfassen; das Projekt kommt jedoch nicht zustande, Cioran hat es nach eigenem Zeugnis nie ernsthaft betrieben. Statt dessen bereist er zu Fuß und per Rad ganz Frankreich, kuriert durch diese körperlichen Strapazen weitgehend seine Schlaflosigkeit und lernt dabei Land und Leute der Nation kennen, in welcher er den größten Teil seines Lebens verbringen sollte.

Über die Weltkriegsjahre gibt es ungenaue oder einander widersprechende Angaben; in ihnen sind die beiden letzten rumänisch geschriebenen Bücher entstanden; zwischen 1939 und 1941 soll es erneute Studienaufenthalte in Berlin gegeben haben, andererseits ist auch von Ciorans Anwesenheit in Rumänien die Rede. In dieser Zeit beginnt auch die enge und bis zu seinem Tod bestehende Beziehung zu ›sa compagne‹ Simone Boué, von deren Existenz und Bedeutung die meisten der späteren, vornehmlich deutschsprachigen Apologeten und Rezensenten Ciorans nichts wußten oder wissen wollten. Simone Boué scheint sein Leben nach dem Ende des Stipendiums und vor seinem späteren schriftstellerischen Erfolg wesentlich mitfinanziert zu haben;[3] sie hat ein halbes Jahrhundert später – bald nach Ciorans Tod und kurz vor ihrem eigenen – dessen voluminöse *Cahiers* transkribiert und herausgebracht.[4] Wie groß

3 »Als man mich einmal fragte, wie ich habe leben können bei so einem ›Beruf‹, habe ich geantwortet: Ich war Zuhälter. Das ist nicht wahr, aber etwas daran stimmt, etwas Richtiges liegt darin. (...) Für mich ist ›Zuhälter‹ ein viel allgemeinerer Begriff. Ich meine, wenn ein Schriftsteller mit einer Frau lebt, die für beider Leben verdient, dann ist er ein Zuhälter. Viele respektable Schriftsteller, die ich kenne in Paris, haben als Parasiten ihrer Frauen gelebt. In diesem Sinne, obwohl nicht verheiratet, war ich ein Zuhälter.« Das sagt Cioran im Gespräch mit Hans-Jürgen Heinrichs, in: Cafard, hg. von Thomas Knöfel und Klaus Sander (Booklet), c+p supposé Köln 1998, S. 25.

4 Der etwa 1000 Seiten starke Band erschien Ende 1997 bei Gallimard. Die Cioran-Vertraute Verena von der Heyden-Rynsch hat daraus eine Auswahl zusammengestellt und übersetzt; in die hier vorliegende Anthologie wur-

ihre sprachliche Hilfe gewesen ist, nachdem sich Cioran etwa ab Mitte der vierziger Jahre dazu entschlossen hatte, hinfort nur noch auf Französisch zu schreiben, läßt sich lediglich vermuten. Es ist nicht unwahrscheinlich, daß unter anderem die Unterstützung der gelernten Philologin und Muttersprachlerin ihm die mühevolle Aneignung des Französischen erleichtert hat.

1949 erscheint nach vielen Überarbeitungen sein erstes Buch in französischer Sprache, *Précis de décomposition*, das dann bald unter dem Titel *Lehre vom Zerfall* von Paul Celan ins Deutsche gebracht worden ist.[5] Der Nicht-Muttersprachler erntet bei der französischen Kritik für seine oft lyrisch durchtönten Philosopheme – eine spannungsgeladene Mischung aus langen Aphorismen und kurzen Essays – Beifall und den ›Prix Rivarol‹ (für das beste von einem Nicht-Franzosen auf Französisch geschriebene Buch), den Cioran jedoch wie alle folgenden Preise ablehnt. Nach *Syllogismen der Bitterkeit*, einer Sammlung von aphoristischen Texten, die 1952 herauskommt, veröffentlicht Cioran in den nächsten zwölf Jahren drei Bücher mit essayistischer Prosa, welche die schriftstellerische Anerkennung, die er bereits gefunden hat, weiter festigen und seine Eigenständigkeit als skeptischer Denker und Stilist abseits gängiger intellektueller Strömungen und philosophischer Schulen erkennbar machen. 1960 bezieht er gemeinsam mit Simone Boué eine kleine Mansardenwoh-

den aus diesem, von Briefausgaben abgesehen, vermutlich letzten ›Buch‹ Ciorans eine Reihe markanter Aufzeichnungen aufgenommen.

5 Diese Übersetzung ist nicht unumstritten. Die Frage, ob der Übersetzer hier nicht über Gebühr ›celanisierte‹, wurde immer wieder aufgeworfen. Vergleicht man ruhigen Auges das Deutsch Celans mit dem Französisch Ciorans, so fällt auf, daß die deutsche Fassung zwar oft beeindruckend bilderstark und geschmeidig, jedoch weit weicher ist als das harte und energische französische Original. Nicht unproblematisch ist auch der Titel – denn *décomposition* ist deutlich aktiver und entschiedener als der passive *Zerfall*. Inwieweit diese erste Übersetzung eines Werkes von Cioran ins Deutsche die teilweise einseitige Rezeption hierzulande mitbedingt hat, verdiente genauer untersucht zu werden.

nung im Quartier Latin nahe dem Jardin du Luxembourg, also unweit des intellektuellen und künstlerischen Zentrums der französischen Metropole. Zuvor hatte Cioran im selben Viertel in verschiedenen Hotels gewohnt, in denen man sich zu dieser Zeit noch zu günstigen Konditionen über einen längeren Zeitraum einmieten konnte.[6]

Im letzten Drittel seines Lebens, das er nun in ›erzwungener Seßhaftigkeit‹ verbringt, führt er seine eigenwillige Existenz weiter; behält politisch den Status eines Staatenlosen; lebt unverheiratet in eheähnlichen Verhältnissen;[7] bleibt dem literarischen und philosophischen Getriebe weitgehend fern; lehnt weiter hartnäckig literarische Auszeichnungen und Preise ab; erlebt mit, wie er über den Status eines *author's author* hinaus einem breiteren, über Frankreich hinausgehenden Leserkreis bekannt wird;[8] wehrt sich gegen die damit verbundenen Aufdringlichkeiten,[9] ohne sein intensives und empathisches Interesse vor

6 Dieter Bachmann berichtet Cioran: »Ich hatte das Hotelleben ungeheuer gern. Aber eines Tages wurde in den Hotels nicht mehr monatsweise vermietet, und das war für mich das Ende.« In: Dieter Bachmann: *E. M. Cioran. Der Privatnachdenker*, in: *Information Philosophie*, April 1983, S. 5.

7 Dem seit Mitte der sechziger Jahre mit Cioran befreundeten und mit ihm korrespondierenden Kurt Hirschburger erklärt Cioran bei dessen Wiederverheiratung: »... wir gratulieren zu dem bevorstehenden Personenstand. Wir haben auch gedacht, dasselbe zu tun, aber aus Angst vor den Formalitäten haben wir (es) vorläufig verschoben.« In: Kurt Hirschburger, *Meine Begegnung mit E. M. Cioran*, in: Almanach deutschsprachiger Schriftsteller-Ärzte, 22. Jahrgang, hg. von Jürgen Schwalm, Marquartstein 1999, S. 336.

8 Dazu trägt, was den deutschen Sprachraum betrifft, wohl nicht unwesentlich die Neuauflage (1978) von der *Lehre vom Zerfall* bei, d. h. Celans Ruhm wirkt sich auch auf Ciorans Bekanntheit aus. Für sein Bekanntwerden in der hispanischen Welt sorgt der spanische Philosophieprofessor Fernando Savater, der die meisten seiner Bücher übersetzt und einen lesenswerten *Ensayo sobre Cioran*, Madrid 1974 (dt. *Versuch über Cioran*, München 1985) publiziert hat. Darüber hinaus werden seine Schriften auch zunehmend in englischsprachigen Ländern und Japan rezipiert. Nach Auflösung des realen Sozialismus findet Cioran in seinem Heimatland durch Neuauflagen seiner ersten rumänischen Bücher sowie durch neue Editionen verstreuter früher Texte Anerkennung.

9 Auf seine häufig selbstironische Weise, wie z. B. in einer späten aphoristischen Aufzeichnung: »Man ist an mich herangetreten wegen eines Kollo-

allem für unbekannte Zeitgenossen zu verlieren. In den Büchern, die während dieser Jahre entstehen, bedient er sich weitgehend der aphoristischen Form, die er nun immer nuancierter und maliziöser gestaltet. 1987, also im Alter von 76 Jahren, veröffentlicht Cioran mit *Der zersplitterte Fluch* (franz. *Aveux et Anathèmes*) sein letztes Buch.[10] Die Jahre bis zu seiner Erkrankung widmet der einstige Vielleser kaum noch der Lektüre; er hört statt dessen Musik – »Das Ideale wäre, sich wiederholen zu können ... wie Bach«, so lautet ein spätes aphoristisches Motto – und öffnet sich immer wieder den Begegnungen mit seinen Mitmenschen. Seit Anfang der neunziger Jahre beginnen sich Anzeichen einer schleichenden zerebralen Krankheit zu verstärken.[11] Im Frühjahr 1993 stürzt Cioran in seiner Wohnung und erleidet einen komplizierten Bruch; er kommt zunächst in ein Pariser Hospital und schließlich in das Pflegeheim Broca, wo er am 20. Juni 1995 eines natürlichen Todes stirbt.

Daß Ciorans Werk sein physisches Ende überleben würde, war bereits vor seinem Tod absehbar. Die französischen Kritiker und Leser haben es diesem Rumänen außerdem hoch angerechnet, daß er keine Mühe scheute, sich

quiums im Ausland, weil man offenbar mein Schwanken und mein Zögern benötigt. Der Skeptiker vom Dienst einer untergehenden Welt.« – Ungeachtet seines vor allem in früheren Schriften sichtbar werdenden Größengefühls hatte Cioran anders als viele seiner ›philosophischen Kollegen‹ kaum Sendungsbewußtsein; hielt wenig von Vorträgen, Vorlesungen und anderen Formen öffentlicher Selbstdarstellung und ließ sich nur selten dazu überreden (vgl. Gerd Bergfleth: *E. M. Cioran. Ein Gespräch*, Tübingen 1985). Sein Medium war und blieb das persönliche Gespräch; das mündliche mit Freunden und Fremden sowie das schriftliche mit seinen Lesern.

10 In einem späten Gespräch mit Heinz-Norbert Jocks (*Frankfurter Rundschau,* Weihnachtsausgabe 1994) erklärt er: »Ich habe vor einiger Zeit auch den Entschluß gefaßt, nicht mehr zu schreiben, und aufgehört, auf das Universum zu schimpfen.«

11 Kurt Hirschburger, vgl. Anm. 7, hier S. 330-340. Hirschburgers Beobachtungen und Erinnerungen gewähren vor allem Einblicke in Ciorans letzte, in einem Pflegeheim verbrachte Lebensjahre.

ihre Sprache anzueignen und deren Besonderheiten auf seine Weise zur Geltung zu bringen. Seine erworbenen sprachlichen Fertigkeiten trugen ihm zu Recht den Ruf eines bedeutenden Stilisten ein – und das in einer Sprache, in der er erst mit Mitte Dreißig zu schreiben anfing. Hinzu kommt, daß Cioran bereits von seinem ersten französischen Buch an das Glück hatte, bei einem angesehenen und bedeutenden Verlag (Gallimard) zu erscheinen. Ferner knüpfte er souverän an französische Traditionen, wie u.a. die Moralistik[12] an, kultivierte und bereicherte Gattungen wie Aphorismus, Essay, Portrait, die in seinem Gastland entwickelt wurden und dort mehr Ansehen genießen, als dies lange Zeit etwa jenseits des Rheins der Fall war. Es ist also nicht verwunderlich, daß Cioran in Frankreich wohl anerkannter und geschätzter ist als in dem Land und der Sprache seiner philosophischen Studien. In Deutschland ist er weniger bekannt, obwohl seine Bücher zumeist besser und genauer ins Deutsche gebracht wurden, als diejenigen vieler anderer Französisch oder Rumänisch schreibender Autoren. Dieser Umstand verdankt sich vermutlich nicht zuletzt einer glücklichen Verbindung zwischen den Leistungen seiner Übersetzer (mit den meisten war Cioran bekannt oder befreundet und hat mit ihnen zusammengearbeitet) und des Autors Deutschkenntnissen, die bis in seine balkanischen Anfänge zurückreichen. Der ›deutsche Cioran‹ ist natürlich kein eineiiger Zwillingsbruder des rumänischen oder französischen – sieht ihnen aber trotzdem ziemlich ähnlich.

12 Es wäre sicher eine eigene Studie wert, Ciorans Verhältnis zu der europäischen Moralistik zu untersuchen. Hierbei könnten neben formalen und intentionalen Affinitäten auch soziale und interaktionelle Gemeinsamkeiten beleuchtet werden: Cioran als ein Teilnehmer des letzten literarisch-philosophisch-musikalischen Salons alten Stils (Susanne Tezanes), einer französischen Tradition, aus der auch La Rochefoucauld und andere moralistische Denker hervorgegangen sind. Vgl. hierzu: Verena von der Heyden-Rynsch in dem Cioran gewidmeten Band *Europäische Salons. Höhepunkte einer versunkenen weiblichen Kultur*, München 1992.

In Vorwortkürze zu sagen, was der geneigte Leser vor Augen bekommt, wenn er sich auf die Welt E. M. Ciorans einläßt, ist kaum möglich. So sollen abschließend kurz einige Aspekte vergegenwärtigt werden, die vor allem im deutschen Sprachraum bisher weniger berücksichtigt wurden.

Daß Themen wie Selbstmord, Verzweiflung, apokalyptische Szenarien und das Negieren der Existenz in Ciorans Büchern breiten Raum einnehmen, hat hierzulande bei vielen seiner Interpreten und Leser die Vorstellung entstehen lassen, bei Cioran handle es sich um einen ›überzeugten‹ Pessimisten – im Gespräch mit Hans-Jürgen Heinrichs widerspricht Cioran energisch solchen Etikettierungen: »Man sagt von mir, ich sei Pessimist – das ist nicht wahr! Diese schulmeisterlichen Kategorien sind lächerlich. Ich weiß genau, was Pessimismus ist. (...) Es geht um die Erfahrung, ein lebendiges Wesen zu sein. Man ist nicht Pessimist im Leben, das macht keinen Sinn.«[13] Und was sein spezifisches Verhältnis zur Verzweiflung und Negation sowie seinen schriftstellerischen Umgang damit betrifft, merkt er an: »Ich habe nur dann geschrieben, wenn ich nichts anderes hätte machen können – aus Notwendigkeit. Ich will sagen, meine Schriften, meine Bücher geben nur teilweise ein Bild von dem, was ich gelebt und auch gesagt habe. Denn ich schreibe nur, wenn ich deprimiert bin, im Zustand der Verlassenheit und der Verzweiflung.«[14] Doch es muß einen nicht völlig überraschen, daß in einem Land, in dem lange wortwörtlich und beinahe theologisch an große Systeme geglaubt worden ist, die Aussagen eines Denkers, der auf kathartische Weise in extremen Wendungen schwelgt und über eine fein ausgebildete Selbstironie verfügt, verabsolutiert werden und das, was »nur teilweise ein Bild« von ihm gibt, für das Ganze genommen wird. Er

13 Vgl. Anm. 3, hier S. 42.
14 Vgl. Anm. 3, hier S. 27.

hat immer wieder darauf hingewiesen, daß viele der Mißverständnisse, die er hierzulande erfahren hat, wohl daher rührten, daß es in Deutschland kaum eine skeptische Tradition gegeben habe, abgesehen von einzelnen Denkern wie z. B. Lichtenberg, der ihm viel bedeutete.

Der vermeintliche Pessimist Cioran, der sich in seinen Büchern oft metaphernreich beschwerte, erklärt summarisch: »Im Grunde genommen habe ich ein sehr glückliches Leben gehabt, insofern, als ich immer frei war. Ich darf mich nicht beklagen, es gibt nicht viele Leute, die eine Existenz wie die meinige haben.«[15]

Eine von Ciorans Stärken liegt sicherlich darin, daß er das Bewußtsein für die Widersprüchlichkeit im Menschen zu schärfen vermag und Wege aufzeigt, wie sich gegenstrebige Regungen nicht selten produktiv nutzen lassen. Deshalb mag es den Leser erstaunen, daß sich Cioran über ein die menschliche Existenz so beherrschendes Thema wie die Beziehung zwischen den Geschlechtern kaum geäußert hat. In seinem Frühwerk finden sich lediglich schematische Beschreibungen und misogyne Ausfälle, von denen er sich später – anders als von seiner kurzlebigen Begeisterung für die ›Eiserne Garde‹ – nicht eindeutig distanziert hat. Dabei hat Cioran nachweislich in seinem Leben entscheidende Unterstützung von Frauen erfahren und hat sie sogar für die besseren Leser seiner Bücher gehalten.[16] Möglicherweise konnte er sich ungeachtet seiner philosophischen Entwicklung in diesem Punkt von seiner christlich-patriarchalischen Herkunftsprägung nie ganz lösen.

15 Vgl. Anm. 3, hier S. 27.

16 »Ich ziehe die Frauen den Männern vor«, sagt Cioran im Gespräch mit Hans-Jürgen Heinrichs. – »Die Frau (...) fühlt viel besser die Sachen, die ein Mann nicht fühlen kann. Ich habe bemerkt, daß die Frauen meiner Art zu schreiben näherstehen als die Männer, im allgemeinen ist es so.« Vgl. Anm. 3, hier S. 25.

Es gehört zu den Vorzügen von Anthologien, daß sie dem Leser den Zugang zu Sätzen und Gedanken eines Autors erleichtern, die ihm wirklich etwas bedeuten, die ihn erreichen und anhaltend beschäftigen. Cioran, der viele kurze und verkürzte Texte hinterlassen hat, die seinen Lesern einen weiten Raum zum eigenen Nach- und Bedenken eröffnen, sagt über die Größe seines Werkes:

»*Cioran:* Ich glaube, daß ich fünf, sechs oder sieben oder zehn Aphorismen geschrieben habe, die etwas ausdrükken.

Heinrichs: So wie Benn von den sechs Gedichten spricht ...

Cioran: ... acht! – Ein Dichter schreibt acht Gedichte, sagt Benn, und er hat Recht! Also – ich glaube, ich habe acht Aphorismen geschrieben ohne zu wissen, welche, die etwas ausdrücken. Oder nicht acht Aphorismen, vielmehr hatte ich acht Ausbrüche.«[17]

Der Leser ist eingeladen, die acht oder mehr ›Ausbrüche‹ zu finden, die für ihn etwas ausdrücken.

Thomas und Simone Stölzel

17 Vgl. Anm. 3, hier S. 52.

Quellen

Bücher von E.M. Cioran

AZ Der Absturz in die Zeit, übersetzt von Kurt Leonhard, Stuttgart: Klett 1972, zit. Klett-Cotta 1980)

BT Das Buch der Täuschungen, übersetzt von Ferdinand Leopold, Frankfurt am Main: Suhrkamp 1990 (Bibliothek Suhrkamp)

CA Cahiers 1957-1972, ausgewählt und übersetzt von Verena von der Heyden-Rynsch, Frankfurt am Main: Suhrkamp 2001

DS Dasein als Versuchung, übersetzt von Kurt Leonhard, Stuttgart: Klett-Cotta 1983, zit. 1993

G Gevierteilt, übersetzt von Bernd Mattheus, Frankfurt am Main: Suhrkamp 1991 (suhrkamp taschenbuch)

GD Gedankendämmerung, übersetzt von Ferdinand Leopold, Frankfurt am Main: Suhrkamp 1995 (BS)

GU Geschichte und Utopie, übersetzt von Kurt Leonhard, Stuttgart: Klett 1965, zit. Klett-Cotta 1979

GV Auf den Gipfeln der Verzweiflung, übersetzt von Ferdinand Leopold, Frankfurt am Main: Suhrkamp 1989 (BS)

LL Leidenschaftlicher Leitfaden, übersetzt von Ferdinand Leopold, Frankfurt am Main: Suhrkamp 1996

LZ Lehre vom Zerfall, übersetzt von Paul Celan, Hamburg: Rowohlt 1953, zit. Stuttgart: Klett-Cotta 1979

NG Vom Nachteil geboren zu sein, übersetzt von François Bondy, Wien/München/Zürich: Europaverlag 1977, zit. Frankfurt am Main: Suhrkamp 1979 (st)

RD Über das reaktionäre Denken, übersetzt von François Bondy, Frankfurt am Main: Suhrkamp 1980 (BS)

SB Syllogismen der Bitterkeit, übersetzt von Kurt Leonhard, Frankfurt am Main: Fischer, zit. Frankfurt am Main: Suhrkamp 1995 (BS)

TH Von Tränen und Heiligen, übersetzt von Verena von der Heyden-Rynsch, Frankfurt am Main: Suhrkamp 1988 (BS)

VS Die verfehlte Schöpfung, übersetzt von François Bondy, Elmar Tophoven, Frankfurt am Main: Suhrkamp 1979 (st)

WK Widersprüchliche Konturen, übersetzt von Verena von der Heyden-Rynsch, Frankfurt am Main: Suhrkamp 1986 (BS)

ZF Der zersplitterte Fluch, übersetzt von Verena von der Heyden-Rynsch, Frankfurt am Main: Suhrkamp 1987 (BS)

Weitere Quellen

Akzente Cioran, E.M.: Aufzeichnungen aus Talamanca, in: Akzente, München: Carl Hanser Verlag, Heft 4/August 1998

BrieMau Cioran, E.M.: Brief an François Mauriac, in: Der Pfahl III. Jahrbuch aus dem Niemandsland zwischen Kunst und Wissenschaft, München: Matthes und Seitz 1990, S. 95

Cafard »Das Scheitern ist wichtiger als der Tod«. E. M. Cioran im Gespräch mit Hans-Jürgen Heinrichs, in E. M. Cioran: »Cafard«, hg. von Thomas Knöfel und Klaus Sander, Köln: c + p supposé 1998

GeBerg Cioran, E.M.: Ein Gespräch. Geführt von Gerd Bergfleth, Tübingen: Konkursbuch 1985

GeBo Bondy, François: Der untätigste Mensch in Paris, E. M. Cioran, in: ders., Gespräche, Wien/München/Zürich: Europaverlag 1972, S. 109-115

GeJa Jakob, Michael: Gespräch mit E. M. Cioran, in: ders., Aussichten des Denkens, München: Wilhelm Fink 1994, S. 9-38

GeJau Cioran, E. M.: Ein Gespräch mit Sylvie Jaudeau, St. Gallen: Erker-Verlag 1992

GeRa Raddatz, Fritz J.: Tiefseetaucher des Schreckens. Ein Zeit-Gespräch mit E. M. Cioran, in: Die Zeit, Hamburg, vom 8. April 1986

KCA Kurzgefaßtes Bekenntnis, in: Klett-Cotta. Das erste Jahrzehnt 1977-1987. Ein Almanach, hg. von Thomas Weck, Stuttgart: Klett-Cotta 1987, S. 134-136

SuF Cioran, E. M.: Aufzeichnungen (1959-1972), in: Sinn und Form, 1999/Fünftes Heft, S. 738-759

Wir danken Ciorans Nachlaßverwaltung und Ciorans Verlag Gallimard sowie den anderen lizenzgebenden Autoren und Verlagen, insbesondere dem Verlag Klett-Cotta.

Über mich selbst

Über *sich selbst wie auch* gegen *sich selbst hat Cioran stets geschrieben. Damit steht er in der Tradition autobiographischer Denker wie Montaigne, dessen Credo* »Je suis moi-même la matière de mon œuvre« *auch für Cioran gelten könnte. Nahezu alle seine Texte haben etwas von einem öffentlichen Selbstgespräch an sich. Daß diese Egozentrik seine Leser nicht ermüden muß, liegt an des Autors stilistischen Möglichkeiten und dem – trotz allen Selbstbezugs – ›menschlich-allzumenschlichen‹ Themenrepertoire, das er – wie verkürzt oder zugespitzt auch immer – in seinen Büchern zur Sprache bringt. Zu den Vorzügen seiner Texte gehört, daß er der Subjektivität die Rolle im Denken gibt, die ihr zukommt, und damit den nicht wenig verbreiteten Glauben an voraussetzungslose Sachlichkeit oder gar Objektivität produktiv irritiert. In ähnlicher Weise vermag auch Ciorans Extremismus und Fatalismus zu wirken, den er nicht selten selbstentlarvend ausstellt. Ein großes Wüten und Hadern durchzieht seine geschriebenen wie gesprochenen Gedanken. Diese Besessenheit versteht er als Teil seines balkanischen Erbes wie auch als gestalteten Ausdruck seines hysterischen Temperaments. In dem Gefühl, außerhalb des ›normalen‹ Lebens zu stehen, drückt sich überdies seine Sympathie für sogenannte Gestörte, Außenseiter und scheinbar Gescheiterte aus. Und gerade beim Beschreiben von Widersprüchen, Aporien und Zusammenbrüchen entfalten sich die vielfachen Formen seines absurden Humors.*

Meine Feigheit vorm Leben ist angeboren: Stets graute mir vor jeder Verantwortung, jeder Aufgabe – instinktive Abscheu vor allem, was mich nicht unmittelbar anging. Das

Gegenteil von einem »Anführer«. Und wenn ich als junger Mensch oftmals Gott beneidete, war es nicht vielleicht darum, weil mir Gott, der über allem stand, als verantwortungslos schlechthin erschien? (SuF 740)

Mein ganzes Leben wollte ich etwas anderes sein: Spanier, Russe, Deutscher, Kannibale – alles, nur nicht das, was ich war. In ständiger Auflehnung gegen das Schicksal, gegen meine Geburt. Dieser Wahn, sich anders zu wollen, als man ist, in der Theorie alle Existenzweisen anzunehmen außer der eigenen. (SuF 750)

Wie überaus gern wäre ich eine Pflanze, selbst wenn ich bei einem Exkrement Wache halten müßte! (SB 87)

Gestern im Kaufhaus »La Samaritaine« stand an der Kasse neben mir eine Frau, die so übel roch, daß ich fast ohnmächtig wurde. Ich bin sicher, daß kein Tier jemals einen derartigen Gestank abgesondert hat. Würde man mich mit einer solchen Frau einsperren, so könnte man mir jedes Geheimnis entreißen. Alles, Entehrung und Verrat, alles eher, als eine Minute länger diese Pestilenz ertragen zu müssen. – Die Folterknechte haben wirklich keine Einbildungskraft. (CA 51 f.)

Instinktives Bedürfnis nach Unehre. Ich hätte gewünscht, Sohn eines Henkers zu sein. (NG 7)

Zu meiner Behauptung: »Ich wäre gerne der Sohn eines Henkers gewesen.« Man wird meinen, es sei eine Herausforderung oder ein Scherz oder Gott weiß was. Was bedeutet sie für mich? Eine Wahrheit gewiß, aber die eines Augenblickes, einer Laune ohne Bestand, die aber ganz spontan aus dem Zustand hervorging, in dem ich mich befand, als ich sie *empfunden* habe. Das ist es: eine gebilligte, gefühlte Wahrheit, die aus der »Seele«, nicht aus dem Verstand aufstieg. (CA 183)

Der Verleger hat alle Seiten veröffentlicht, die ich ihm geschickt habe, außer einer, auf der stand »Ich wäre gerne der Sohn eines Henkers gewesen«.
Ich habe immer darunter gelitten, Sohn ehrbarer Eltern zu sein. Aber das sollte man nicht sagen, da man nicht weiß, wie man es verständlich und annehmbar machen könnte. Ich hätte es vorgezogen, Monster als Ahnen zu haben, und sei es nur, um sie hassen zu können. Ich habe stets diejenigen beneidet, die Gründe hatten, ihre Eltern zu verabscheuen. (CA 226)

Daß ich Freud gegenüber stets mißtrauisch gewesen bin, dafür trägt mein Vater die Verantwortung. Er erzählte meiner Mutter immer seine Träume und verdarb mir dadurch alle Morgenstunden. (ZF 15)

Ich und die Welt

Die Tatsache, daß ich lebe, beweist, daß die Welt keinen Sinn hat. Denn wie könnte ich in der Ruhelosigkeit eines übermäßig erregten und unglücklichen Menschen, für den sich alles letztlich auf das Nichts beschränkt und über dem das Leiden als Weltgesetz waltet, einen Sinn aufspüren? Wenn die Schöpfung ein Menschenwesen meines Schlages zugelassen hat, kann dies nur beweisen, daß die Flecken der sogenannten Sonne des Lebens derart gewaltig sind, daß sie ihr Licht allgemach ersticken. Die Bestialität des Lebens hat mich zertreten und gedrückt, mir die schwebenden Schwingen gestutzt und alle Freuden, auf welche ich ein Recht hatte, entrissen. Alle überspannte Beflissenheit und alle irrsinnige, paradoxe Leidenschaft, die ich daransetzte, um im Diesseits zu glänzen, aller teuflische Zauber, den ich verbrauchte, um mir einen künftigen Nimbus zu erwerben, und der ganze Elan, den ich auf eine organische Wiedergeburt oder innerliche Morgenröte verschwendete, haben sich als schwächer erwiesen als die Bestialität und Urgründigkeit dieser Welt, welche alle ihre Vorräte an Verderbnis und Gift in mich ausgegossen hat. Das Leben hält hohen Temperaturen nicht stand. Deshalb bin ich zum Schluß gelangt, daß die unruhigsten Menschen, mit ihrer inneren, paroxystischen Dynamik, welche die gewöhnliche Temperatur nicht akzeptieren können, zum Zusammenbruch ausersehen sind. Es steckt ein Aspekt der Dämonie des Lebens im Ruin derer, die unter gewöhnlichen Himmelsstrichen leben, aber auch ein Aspekt seiner Unzulänglichkeit, der erklärt, weshalb das Leben ein Vorrecht der Mittelmäßigen ist. Nur Durchschnittsmenschen leben bei normaler Temperatur; die anderen reiben sich bei Temperaturen auf, welche das Leben aushöhlen, bei denen sie nur mit einem Bein im Jenseits stehend atmen können. Ich vermag der Welt nichts zu geben, weil ich eine einzige Methode besitze: die agonale Methode. Ihr beklaget euch, daß das Menschengeschlecht böse, rachsüchtig, undankbar und gleisnerisch sei? Dann schlage ich euch die Methode der Agonie vor, mit der ihr euch zeitweilig aller dieser Laster entledigen könnt. Wendet die Methode getrost bei jeder Generation an: die Wirkungen werden unmittelbar sichtbar sein. Vielleicht kann auf diese Weise auch ich der Menschheit von Nutzen sein!

Durch Geißel, Feuer oder Injektionen treibt ihr jeden Menschen in die Agonie, führt ihn hin zur Erfahrung der letzten Augenblicke, auf daß er in grauenvoller Marter der großen Läuterung aus der Todesvision teilhaftig werde. Befreiet ihn sodann und lasset ihn vor Entsetzen rasen, bis er erschöpft zu Boden stürzt. Ich versichere euch, daß die Wirkung unvergleichlich wertvoller sein wird als alle mit üblichen Mitteln erzielten. Wenn ich nur könnte, würde ich die gesamte Schöpfung in Agonie versetzen, um des Lebens Wurzeln von Grund auf zu läutern, sie mit weißglühenden und einschmeichelnden Flammen zu entzünden, jedoch nicht um sie zu zerstören, sondern um sie mit frischem Saft und unverbrauchter Glut zu beleben. Der Weltbrand, den ich entfachen wollte, würde nicht Trümmer, sondern kosmische, wesentliche Verklärung abwerfen. Auf diese Weise würde sich das Leben an höhere Temperaturen gewöhnen und keinen Nährboden mehr für Mittelmäßigkeit abgeben. Und vielleicht wäre in diesem Traume auch der Tod dem Leben nicht mehr immanent.

(Zeilen, die ich heute, am 8. April 1933, da ich zweiundzwanzig Jahre alt werde, geschrieben habe. Mir ist seltsam zumute, wenn ich bedenke, daß ich bereits zu einem Spezialisten des Todes geworden bin.) (GV 20f.)

Der konzentrierte oder verkrampfte Gesichtsausdruck, die Mimik des Ehrgeizlings erregt Übelkeit in mir. Ich war nämlich in meiner Jugend selbst einem maßlosen Ehrgeiz ausgeliefert, und jetzt widert es mich an, bei anderen die Stigmen meiner Anfänge wiederzufinden. (G 122)

Meine Mutter war [nach Erscheinen des ersten Buches auf rumänisch] besonders beängstigt: Was wird aus dir werden? Wer so etwas geschrieben hat, der ist verdammt. Ich werde einen Arzt rufen. Der Arzt kam, er stellte mir Fragen, und danach hat er meiner Mutter gesagt: Ihr Sohn ist höchstwahrscheinlich Syphilitiker. Damals stand die Syphilis im Ruf einer Prestigekrankheit, wenn man die kleinste Extravaganz zeigte, hieß es gleich: er hat Syphilis. Ich habe damals ein Buch gelesen, dessen Verfasser ein Jugoslawe war, es hieß: »La génie et la syphilis«. Ich erinnere mich sogar seines Namens, er hieß Smilianitch. Er wollte beweisen, daß für jemanden, der nicht das Glück hat, an Lues zu leiden, es keinen Zweck hat, Ansprüche zu stellen. Und dann zitierte er viele Namen von hochbegabten und angesteckten Geistern. Ich war sehr beeindruckt. Ich wollte Syphilitiker sein. Meine Mutter hat mich gezwungen, eine Blutuntersuchung machen zu lassen. Ich suchte einen Spezialisten auf, der sagte: Sie können in einigen Tagen wiederkommen. Meine Einstellung war zwiespältig, einerseits wünschte ich mir diese unverhoffte Chance, andrerseits auch wieder nicht. Als ich bald darauf zu dem Arzt zurückkam, sagte er triumphierend: Ihr Blut ist rein. Sind Sie nicht froh darüber? – Eigentlich nicht, war meine Antwort. (GeBerg 24 ff.)

Ich bin das Ergebnis widersprüchlicher Erbanlagen. Ich erkenne in mir den Charakter meines Vaters, aber vorwiegend den meiner Mutter: eitel, kapriziös, trübsinnig. Ich bin aber keineswegs willens, meine unvereinbaren Gegensätze auszugleichen (oder eher ihre in mir), im Gegenteil, ich habe sie gezüchtet, verschlimmert und gepflegt.

(CA 31)

Alles Gute und Schlechte an mir, alles, was ich bin, habe ich von meiner Mutter. Ich habe ihre Krankheiten, ihre Schwermut, ihre Widersprüche geerbt, alles. Physisch ähnele ich ihr Zug für Zug. Alles, was sie war, hat sich in mir verschärft und verschlimmert. Ich bin ihr Erfolg und ihr Versagen. (SuF 745)

Ich meine, wenn ein Schriftsteller mit einer Frau lebt, die für beider Leben verdient, dann ist er ein Zuhälter. Viele respektable Schriftsteller, die ich kenne in Paris, haben als Parasiten ihrer Frauen gelebt. In diesem Sinne, obwohl nicht verheiratet, war ich ein Zuhälter. (Cafard 25)

Kurzgefaßtes Bekenntnis

Lust zum Schreiben habe ich nur in einem explosiven Zustand, im Fieber oder in krampfhafter Unruhe, in einer zur Raserei verwandelten Bestürzung, in einer Atmosphäre des Abrechnens, in der die Invektiven Ohrfeigen und Schläge ersetzen. Gewöhnlich beginnt das folgendermaßen: ein leichtes Zittern, das immer heftiger wird, wie nach einer Beleidigung, die man eingesteckt hat, ohne sie zu erwidern. Formulieren heißt verspätete Gegenrede oder eben aufgeschobene Aggression; ich schreibe, um nicht zur Tat zu schreiten, um eine Krise zu vermeiden. Der Ausdruck ist eine Linderung, eine indirekte Rache desjenigen, der eine Schande nicht verdauen kann und in *Worten* gegen seine Mitmenschen und gegen sich selbst rebelliert. Empörung ist weniger eine moralische als eine literarische Regung, sie ist sogar die Triebfeder der Inspiration. Und die Weisheit? Sie ist genau das Gegenteil davon. Der Weise in uns richtet unseren ganzen Elan zugrunde, er ist der Saboteur, der uns beeinträchtigt und lähmt, der dem Narren in uns auflauert, um ihn zu besänftigen und zu kompromittieren, um ihn zu entehren. Die Inspiration? Ein Salto mortale, eine namenlose Wollust, sich selber zu behaupten oder zu zerstören. Keine einzige Zeile habe ich bei normalem Pulsschlag geschrieben. Und dennoch, lange Jahre hindurch hielt ich mich für das einzig untadelige Individuum. Dieser Stolz war für mich förderlich: er erlaubte es mir, Papier zu schwärzen. Praktisch habe ich in dem Augenblick aufgehört, literarisch schöpferisch zu sein, als mein Delirium abklang und ich die Beute einer verderblichen Bescheidenheit wurde, die für jenes Fiebern, aus dem Intuitionen und Wahrheiten hervorgehen, äußerst unheilvoll ist. Ich kann nur etwas schaffen, wenn der Sinn für das Lächerliche mich plötzlich verläßt und ich mich als Anfang und Ende schlechthin erachte. (KCA 134 f.)

Ich habe am Ende fast immer die Meinungen derer übernommen, die ich vorher bekämpfte. (Die Iron Guard, die ich anfangs verabscheute, war für mich erst eine Phobie, dann eine Obsession.) Nachdem ich de Maistre attackiert hatte, ließ ich mich von ihm anstecken. Der Feind triumphiert über einen charakterlosen Menschen heimtückisch. Wenn man lange genug gegen jemanden oder gegen etwas denkt, wird man ein Gefangener dieses Denkens und liebt diese Knechtschaft schließlich. (SuF 742)

Ich bin weniger ein leidenschaftlicher als eigentlich ein besessener Mensch. Ich muß in allen Dingen bis ans Ende der Möglichkeiten gehen, und letztlich sind es nicht Argumente, die mich überzeugen, meine Meinung zu ändern, sondern allein die Erschöpfung, das von der Leidenschaft Erschöpftsein. Es gibt darin Verbindungen zum Glauben. Persönliche Begegnungen, scheinbar kleine Dinge waren in meinem Leben aus diesem Grunde von entscheidender Bedeutung. Ich war immer sehr empfänglich dafür, ich habe z. B. stets Unbekannte angesprochen, und manche dieser Begegnungen haben mir unglaublich viel gebracht. Ich habe vor allem eine Schwäche für Leute, die leicht gestört sind. (GeJa 19)

Im Frühjahr 1937, als ich im Park der psychiatrischen Klinik von Hermannstadt, Siebenbürgen, spazierenging, sprach mich ein Internierter an. Wir wechselten einige Worte, dann sagte ich ihm: »Es geht Ihnen doch ganz gut hier.« – »Gewiß, es lohnt sich, verrückt zu sein.« – »Aber Sie sind dennoch in einer Art Gefängnis.« – »Schon, wenn Sie so wollen, aber hier lebt man ohne die geringste Sorge. Außerdem steht uns ein Krieg bevor, Sie wissen das so gut wie ich. Dieser Ort ist sicher. Wir werden nicht eingezogen, und man bombadiert doch keine Irrenanstalt. An Ihrer Stelle würde ich mich gleich einweisen lassen.«

Verwirrt und hingerissen zugleich trennte ich mich von ihm und versuchte, mehr über ihn zu erfahren. Man versicherte mir, er sei wirklich verrückt. Verrückt oder nicht, nie hat mir jemand einen vernünftigeren Ratschlag gegeben. (ZF 108)

Hiob – mein Schutzpatron. (SuF 741)

Ich bin ein Schüler Hiobs, aber ein treuloser, denn ich habe es nicht verstanden, die Gewißheiten des Meisters zu erlangen, ich bin ihm nur im Klagen gefolgt … (SuF 757)

Ich bin ein Hiob ohne Freunde, ohne Gott und ohne Aussatz. (GD 108)

Je länger es dauert, desto skeptischer beurteile ich meine Chancen, mich von einem Tag zum nächsten weiterzuschleppen. Eigentlich war dem immer so: ich habe nicht im Möglichen, sondern im Unvorstellbaren gelebt. Mein Gedächtnis häuft zusammengebrochene Horizonte an.

(VS 53)

Falls ich auf meinen Dilettantismus verzichten müßte, würde ich mich aufs Geheul spezialisieren. (SB 44)

Meine Wetterfühligkeit wird mich stets daran hindern, die Autonomie des Willens anzuerkennen. Die Meteorologie entscheidet über den Farbton meiner Gedanken. Man kann kein platterer Determinist sein, als ich es bin. Aber was kann ich dafür? Wenn ich vergesse, daß ich einen Körper besitze, glaube ich an die Freiheit. Sobald er mich zur Ordnung ruft und mir seine Miseren und Launen aufbürdet, höre ich auf, daran zu glauben. Hier ist Montesquieu am Platze: »Glück und Unglück beruhen beide auf einer bestimmten Verfassung der Organe.« (ZF 58 f.)

In meinen Wutausbrüchen fühle ich mich dem heiligen Paulus fatal nahe. Meine Affinitäten mit den Besessenen, mit all denen, die ich verabscheue. Wer hat jemals seinen Antipoden derart geähnelt? (ZF 105)

Sobald ich aus dem Ich trete, schlafe *ich* ein. (ZF 107)

Meine Bücher, *mein* Werk ... Das Groteske dieser Possessiva ... Alles ist in die Brüche gegangen, seitdem die Literatur aufgehört hat, anonym zu sein. Die Dekadenz geht auf den ersten *Autor* zurück. (ZF 104)

»Was hülfe es dem Menschen, die Welt zu gewinnen, wenn er seine Seele verlöre.«

Die Welt gewinnen, seine Seele verlieren! – ich habe es besser getroffen: ich habe die eine und die andere verloren.

Was ich auch versuche, es wird immer nur Ausdruck eines offenen oder getarnten Verfalls sein. Lange Zeit habe ich die Theorie des außerhalb von allem stehenden Menschen gepflegt. Dieser Mensch bin ich geworden, ich verkörpere ihn nunmehr. Meine Zweifel sind ans Ziel gelangt, meine Verneinungen sind Fleisch geworden. Ich lebe, was ich mir einst zu leben einbildete. Ich habe endlich einen Schüler gefunden. (VS 70f.)

Wie alle Bildstürmer habe ich meine Götzenbilder nur deshalb zerschlagen, um mich vor ihren Scherben hinzuknien. (SB 59)

Vor zwanzig Jahren habe ich im Hôtel Majory gewöhnlich für zwei oder drei Monate die Fotos der Menschen, die ich liebe, aufgehängt. Vor dem Schopenhauers sagte mir eines Tages das Zimmermädchen: »Ist das das Foto Ihres Vaters?« (CA 233 f.)

Ich hatte meinen Tag mit Meister Eckhart begonnen und wendete mich dann Epikur zu. Und der Tag ist noch nicht beendet: Mit wem werde ich ihn wohl beschließen?

(ZF 107)

Die Wüstenväter praktizieren und sich dennoch durch die letzten Neuigkeiten berühren lassen! In den ersten Jahrhunderten unseres Zeitalters hätte ich zu jenen Eremiten gehört, von denen man sagt, sie seien nach einer gewissen Zeit »müde gewesen, Gott zu suchen«. (ZF 84)

Nichts ekelt mich so an wie der methodische Zweifel. Ich will wohl zweifeln, aber alles zu seiner Zeit. (ZF 105)

Wie sehr das Alter doch alles vereinfacht! In der Bibliothek bitte ich um vier Bücher. Zwei haben zu kleine Lettern, ich schiebe sie zurück, ohne überhaupt hineinzublicken; das dritte ist entschieden zu ... ernst, kommt mir unlesbar vor. Ich nehme das vierte mit ohne große Überzeugung.

(ZF 35)

Ich strich aus meinem Wörterbuch Wort um Wort. Nach dem Massaker blieb ein einziger Überlebender: *Einsamkeit*. Ich erwachte beschenkt. (NG 75)

Ich habe allen Grund anzunehmen, daß mein Vater in einem Zustand der Verzweiflung starb. Ein oder zwei Jahre bevor er verschied, hat er einem Schauspieler, dem er auf den Stufen der Kathedrale von Hermannstadt begegnete, gesagt, er stelle sich nach so vielen ungerechten Prüfungen die Frage, ob Gott noch eine Bedeutung hätte. Mit über siebzig, nach fünfzig Jahren Kirchenlaufbahn, den Gott, dem man gedient hat, ernsthaft in Frage zu stellen! Nach so vielen Jahren des Schlafes war dies für ihn vielleicht die wirkliche Erweckung. (CA 77)

Der Traum schafft den Tod ab, indem er die Zeit abschafft. Die Verstorbenen profitieren davon, indem sie über uns herfallen. Letzte Nacht war mein Vater dran. Er war so, wie ich ihn gekannt habe, dennoch zögerte ich einen Augenblick. Und wenn doch nicht er es war? Wir umarmten uns nach rumänischer Sitte, aber wie immer bei ihm ohne Herzlichkeit, ohne Wärme, ohne die bei einem mitteilsamen Volk üblichen Freundschaftsbeweise. Gerade wegen dieses nüchternen, eisigen Kusses wußte ich, daß er es wirklich war. Beim Aufwachen sagte ich mir, daß man nur als Eindringling, als Traumverderber aufersteht. Einzig diese ärgerliche Unsterblichkeit existiert überhaupt. (ZF 24)

Meine Schwägerin hat mir gerade geschrieben, mein Bruder befinde sich kurz vor einem vollständigen Zusammenbruch. Nach dem Tod unserer Mutter hatte er behauptet, er werde das Jahr nicht überleben. Dann starb unsere Schwester. Er leidet anscheinend an einer tiefen »Unbefriedigung«, glaubt sein Leben verpfuscht zu haben und klagt, er habe sich nicht »verwirklicht«. Diese Obsession ist ganz typisch für unsere Mentalität, bei uns hat sie eine krankhafte Form angenommen, obwohl man sie überall, sogar in den glücklichsten Gesellschaften findet. Man müßte sich dennoch davon befreien, denn was heißt eigentlich sich »verwirklichen« oder nicht? »Verwirklicht« im Hinblick worauf? Ich besitze eine ziemlich umfangreiche Erfahrung: unter den sogenannten nicht verwirklichten Menschen habe ich die interessantesten Exemplare gefunden, während die anderen, die in den Augen des Durchschnittsmenschen erfolgreich sind, durch und durch unbedeutend waren. Gerade denjenigen, die sich »verwirklicht« hatten, mangelte es an »Wirklichkeit«. Aber wie meinem Bruder derartiges schreiben? (CA 117f.)

Frivol und sprunghaft, in allem Amateur, werde ich gründlich nur den Nachteil gekannt haben, geboren zu sein.

(VS 124)

Ich bemühe mich, mir den Kosmos vorzustellen ohne … mich. Glücklicherweise ist der Tod da, um der Unzulänglichkeit meiner Imagination abzuhelfen. (ZF 59)

Letzten Endes habe auch ich meine Zeit nicht vergeudet, auch ich habe mich abgerackert, wie ein jeder in diesem abartigen Weltall.

(ZF 144 – zugleich letzter Text seines letzten Buches)

Frankreich und Rumänien

Nahezu sechs Jahrzehnte seiner vierundachtzig Lebensjahre hat Cioran in Frankreich, hauptsächlich in Paris verbracht. Wie die osteuropäischen Autoren Joseph Conrad und Vladimir Nabokov ist er in einer westlichen Sprache zu Ruhm und Ansehen gekommen, wenngleich er bereits für seine ersten, rumänisch verfaßten Bücher eine gewisse Anerkennung erfahren hatte. Der langwierige und mühevolle Prozeß dieses Rumänen, sich vor Ort die Fremdsprache Französisch anzueignen und als geschmeidiges Instrument seines Denkens auszubilden, schärfte seine Wahrnehmung für die lebensbestimmende Bedeutung der verschiedenen Formen ethnischer Identität (Land, Landsleute, Landessprache). Und so widerspruchs- und nuancenorientiert, wie Cioran war, bemerkte und notierte er die Ähnlichkeiten und Differenzen, die zwischen Franzosen und Rumänen bestehen – bis hin zu den Kleinigkeiten des jeweiligen Alltagslebens. Er verstand es, seine Situation als Staatenloser und freiwilliger Exilant für sich – und damit auch später für seine Leser – kreativ zu nutzen. Das Exil galt dem skeptischen Cioran als eine ›Schule des Taumelns‹. Und dies nicht zuletzt dank der Spannung zwischen dem Paradies seiner quasi »vorzivilisatorischen« Kindheit und dem Land, das für viele Europäer als Symbol der Kultiviertheit, wenn nicht gar der Überfeinerung steht.

Es ist eine furchtbare, aber trotzdem erträgliche Kränkung, in einem Volk geboren zu sein, das niemals von sich reden machen wird. (G 152)

Die Rumänen. Durch den Kontakt mit uns ist alles seicht geworden, selbst unsere Juden. Wir haben sie unfruchtbar gemacht, durch uns haben sie ihr Genie eingebüßt, vor allem ihr religiöses Genie. Bei uns gibt es keine wundertätigen Rabbis, keinen Chassidismus. Die aus tiefstem Innern kommende Skepsis unserer Rasse war für sie verderblich. Ihr Aufenthalt unter uns unheilvoller als Assimilation. Wir haben sie fast ebenso *oberflächlich* werden lassen wie uns selbst; noch ein bißchen, und wir hätten sie völlig assimiliert. (SuF 743)

Es gibt nur ein Wort, um das Volk zu kennzeichnen, aus dem ich hervorgegangen bin und dem ich treu bleibe, weil ich in mir alle seine Fehler entdecke: klein. Es ist kein »minderwertiges« Volk, es ist ein Volk, bei dem alles zur Miniatur (um nicht zu sagen, zur Karikatur) wird, selbst das Unglück. (SuF 750f.)

In meiner Jugend in Rumänien wurden unweigerlich die geistige Verwirrung, die Schlaflosigkeit, die Sonderbarkeit, der Trübsinn, das Genie und sogar das geringste Talent als Folgen von Masturbation oder Syphilis gedeutet. Damals war es ebenso bequem, Kranker wie Psychiater zu sein. Man überarbeitete sich weder auf der einen noch auf der anderen Seite. Das war die schöne Zeit, das *Ancien régime* der Geistesgestörten. (CA 125)

Sträfling der Zeit ist jeder Rumäne. (LL 79)

Bestimmt wird man von dem »Kulturraum« (?) geformt, aus dem man kommt. Siebenbürgen hat sich eine starke ungarische, »asiatische« Prägung bewahrt. Ich bin Siebenbürger, also ... Je weiter ich gehe, um so deutlicher wird mir, daß ich nicht nur durch meine Herkunft, sondern auch durch mein Temperament zu Mitteleuropa gehöre. Dreißig Jahre Paris werden die Tatsache, daß ich an der Peripherie des österreichisch-ungarischen Reiches geboren wurde, nicht auslöschen. (SuF 752)

Ein Mensch, der etwas auf sich hält, hat kein Vaterland. Ein Vaterland, das ist Vogelleim. (G 87)

Je älter ich werde, um so mehr spüre ich, wie stark ich mich meiner Heimat verbunden fühle. Mein Land geht mir nicht aus dem Sinn: ich kann mich nicht von ihm lossagen oder es vergessen. Meine Landsleute hingegen enttäuschen und machen mich wütend, ich kann sie nicht ertragen. Man mag es nicht, die eigenen Fehler an anderen zu entdekken. Je öfter ich sie sehe, um so deutlicher nehme ich an ihnen meine Schwächen wahr: jeder von ihnen ist für mich ein Vorwurf und eine auffallende Karikatur meiner selbst. (CA 34)

Man lebt nicht in einem Land, man lebt in einer Sprache. Das ist Heimat und nichts anderes sonst. (ZF 18)

In einer angenommenen Sprache ist man sich der Worte bewußt, sie existieren nicht in uns, sondern außerhalb. Dieser Abstand zwischen uns und unserem Ausdrucksmittel erklärt, warum es schwierig, ja unmöglich ist, in einer fremden Sprache zu dichten. Wie eine Substanz aus Worten destillieren, die nicht in uns verwurzelt sind? Der

»Fremde« bewegt sich an der Oberfläche des Wortes, er kann in einer spät erlernten Sprache nicht jene unterirdische Agonie wiedergeben, aus der die Dichtung hervorgeht. (ZF 143)

Mein Sprachfehler, mein Gestotter, meine abgehackte Redeweise, meine *Kunst* des Nuschelns, meine Stimme, mein *R* vom anderen Ende Europas haben mich aus Reaktion dazu getrieben, mein Geschriebenes ein wenig zu pflegen und mehr oder weniger eines Idioms würdig zu werden, das ich, jedesmal, wenn ich den Mund öffne, übel zurichte. (G 72)

Wenn man der Brieftaube Geographie beibringen könnte, so Carl Gustav Carus, würde ihr unbewußter Flug, der geradewegs zum Ziel führt, auf einmal etwas Unmögliches.

Der Schriftsteller, der seine Sprache wechselt, befindet sich in der Lage dieser gelehrten und ratlosen Taube. (G 65)

Vorteile des Exils

Zu Unrecht macht man sich vom Exilierten das Bild eines Menschen, der Verzicht leistet, sich zurückzieht, sich auslöscht, in sein Unglück, seinen Trümmerzustand ergeben. Bei näherer Beobachtung entdeckt man in ihm einen Ehrgeizigen, einen aggressiven Enttäuschten, einen verbitterten Eroberer. Je mehr wir enteignet sind, um so stärker treten unsere Begierden und Illusionen hervor. Ich bemerke sogar eine Beziehung zwischen Unglück und Größenwahn. Wer alles verloren hat, bewahrt sich als letzte Zuflucht die

Hoffnung auf den Ruhm oder auf einen literarischen Skandal. Er ist gewillt, alles aufzugeben, nur nicht seinen Namen. Aber wie soll er seinen Namen bekannt machen, wenn er in einer Sprache spricht, die den gebildeten Leuten unbekannt oder verächtlich ist?

Soll er ein anderes Idiom versuchen? Es wird ihm nicht leicht fallen, auf die Worte zu verzichten, die seine Vergangenheit mit sich tragen. Wer seine Sprache verleugnet und eine andere adoptiert, verändert seine Identität, ja sogar seine Enttäuschungen. Als heroischer Verräter bricht er mit seinen Erinnerungen und bis zu einem gewissen Grade mit sich selbst

Jemand schreibt einen Roman, der ihn von heute auf morgen berühmt macht. Darin erzählt er seine Leiden. Seine Leidensgenossen in der Fremde beneiden ihn: auch sie haben gelitten, vielleicht noch mehr. Und der Heimatlose wird – oder möchte es werden – ein Romancier. Daraus ergibt sich eine Anhäufung von Peinlichkeiten, eine Inflation von Schrecken, von Erregungen, die schon *überholt* sind. Man kann die Hölle nicht immer wieder neu schaffen, denn ihr Wesensmerkmal ist Monotonie, und dasselbe gilt vom Exil. Nichts in der Literatur veraltet so schnell wie das Schreckliche; im Leben liegt es zu deutlich an der Oberfläche, als daß man sich dabei aufhielte. Aber unser Autor beharrt; vorläufig stopft er seinen Roman in die Tiefe einer Schublade und wartet auf seine Stunde. Die Illusion einer Überraschung hält ihn aufrecht, einer Berühmtheit, die sich ihm versagt, mit der er jedoch rechnet; er lebt von Unwirklichkeit. So groß ist dennoch die Kraft dieser Illusion, daß er, falls er in einer Fabrik arbeitet, immer von der Idee begleitet ist, eines Tages durch einen ebenso plötzlichen wie unbegreiflichen Ruhm herausgeholt zu werden.

Ebenso tragisch ist der Fall des Dichters. Als Gefangener seiner eigenen Sprache schreibt er für seine Freunde, für zehn, höchstens für zwanzig Personen. Sein Wunsch, gelesen zu werden, ist nicht weniger gebieterisch als der des improvisierten Romanschreibers. Wenigstens hat er den Vorteil für sich, daß er seine Verse in den kleinen Emigrationszeitschriften herausbringen kann, die um den Preis fast unanständiger Opfer und Entsagungen erscheinen. Irgend jemand macht sich zum Herausgeber einer Zeitschrift; um sie am Leben zu erhalten, riskiert er den Hunger, entbehrt die Frauen, begräbt sich in einer fensterlosen Kammer, legt sich verwirrende und erschreckende Entbehrungen auf. Masturbation und Tuberkulose sind sein Los.

So wenig zahlreich die Emigranten sein mögen, immer bilden sie Gruppen, keineswegs um ihre Interessen zu verteidigen, sondern um Beiträge zu sammeln, sich zur Ader zu lassen, indem sie ihre Klagen, ihre Schreie, ihre antwortlosen Hilferufe veröffentlichen. Es ließe sich keine schmerzlichere Form von Vergeblichkeit finden.

Daß sie ebenso gute Poeten wie schlechte Prosaschriftsteller sind, hat sehr einfache Gründe. Man betrachte die literarische Produktion irgendeines kleinen Volkes, das nicht anmaßend genug ist, sich eine Vergangenheit zu basteln: das auffallendste Merkmal daran ist der Überfluß an Poesie. Die Prosa verlangt zu ihrer Entwicklung eine gewisse Strenge, einen gehobenen sozialen Status und eine Tradition: sie ist vorgeplant, konstruiert; Poesie *taucht auf*, sie ist entweder spontan oder völlig gekünstelt; als Erbteil der Höhlenmenschen oder der Dandys entfaltet sie sich nur diesseits oder jenseits, jedoch immer am Rande der Zivilisation. Während die Prosa einen reflektierten Genius und eine kristallene Sprache voraussetzt, verträgt sich Poesie aufs beste mit einem barbarischen Geist und einer formlosen Sprache. Eine Literatur erschaffen heißt eine Prosa erschaffen.

Es liegt in der Natur der Dinge, daß so viele kein anderes Ausdrucksmittel zur Verfügung haben als Poesie. Selbst diejenigen, die nicht besonders begabt sind, schöpfen aus ihrer Entwurzelung, aus dem Automatismus ihrer Ausnahmesituation, dieses zusätzliche Talent, das sie in einem normalen Dasein nicht gefunden hätten.

Das Exil, in welcher Form es auch auftreten mag und wodurch es auch immer verursacht sein mag, ist in seinen Frühstadien eine Schule des Taumels. Und es ist nicht allen gegeben, den Taumel zu erreichen, der eine Grenzsituation ist und gleichsam die höchste Stufe des poetischen Zustandes. Ist es nicht eine Gnade, auf Anhieb dahin befördert zu werden, ohne die Umwege einer Disziplin, nur durch die Gunst des Schicksals? Man denke an jenen Unbehausten in Luxusausgabe, an Rilke, wie viele Einsamkeiten er ansammeln mußte, um seine Bindungen zu liquidieren und im Unsichtbaren Fuß zu fassen. Es ist keineswegs leicht, jede Herkunft zu verleugnen, wenn man durch keine äußere Nötigung dazu gezwungen ist. Sogar der Mystiker erreicht die Entäußerung nur um den Preis monströser Anstrengungen. Sich der Welt entreißen, was für eine Vernichtungsarbeit! Der staatenlos Gewordene gelangt dazu, ohne sich in Unkosten zu stürzen, nämlich durch die Mithilfe – die Feindseligkeit – der Geschichte. Keine Selbstquälerei, keine schlaflosen Nächte hat er nötig, um sich von allem zu entblößen; die Ereignisse zwingen ihn dazu. In einem gewissen Sinne ähnelt er dem Kranken, der sich auf gleiche Weise in die Metaphysik oder die Poesie hineinbegibt, ohne persönliches Verdienst, durch den Lauf der Dinge, durch die guten Dienste der Krankheit. Das Absolute als Ramschware? Vielleicht, obgleich es nicht bewiesen ist, daß die durch Bemühung erzielten Ergebnisse einen höheren Wert darstellen als die anderen, die aus der Ruhe im Unentrinnbaren folgen.

Eine Gefahr bedroht den entwurzelten Dichter, die der Anpassung: nicht mehr unter seinem Los zu leiden, Gefallen daran zu finden. Niemand kann sich seine Kümmernisse ewig jung erhalten; sie nutzen sich ab. So ist es auch mit dem Heimweh bestellt, mit jeder Sehnsucht. Sogar die schmerzlichen Erinnerungen werden welk und verlieren ihren Glanz, und ganz wie die Elegie, die sie besingt, altern sie schnell. Was also gibt es Normaleres, als das Exil wohnlich zu machen, die Stadt des Nichts, die Gegenheimat! Je mehr er sich daran ergötzt, desto mehr vergeudet der Dichter die Substanz seiner Emotionen, die Vorräte seines Unglücks ebenso wie seinen Ruhmestraum. Der Fluch, aus dem er Stolz und Vorteil zog, bedrückt ihn bald nicht mehr, und mit ihm verliert er die Spannung seines Ausnahmezustandes ebenso wie die Gründe für seine Einsamkeit. Aus der Hölle vertrieben, wird er vergebens versuchen, wieder hineinzukommen, wieder in ihr unterzutauchen: seine allzu brav gewordenen Leiden machen ihn für immer dessen unwürdig. Die Schreie, auf die er eben noch stolz war, haben sich in Bitterkeit verwandelt, und die Bitterkeit verwandelt sich nicht in Verse: sie führt ihn aus der Poesie heraus. Weder Gesänge noch Exzesse mehr. Wenn seine Wunden verheilt sind, wird er sie vergebens aufzurühren suchen, um ihnen noch einige Töne zu entlocken: bestenfalls wird er der Epigone seiner Schmerzen sein. Ein ehrenwerter Niedergang erwartet ihn. Mangels Vielfalt, ohne authentische Beunruhigungen, vertrocknet seine Inspiration. Bald gibt er sich mit der Anonymität zufrieden, gewinnt beinahe Interesse an seiner Mittelmäßigkeit und leiht sich die Maske eines Bürgers *ohne Herkunft*. Das ist das Ende seiner lyrischen Laufbahn, die endgültige Stufe seiner Deklassierung.

»Etabliert«, seßhaft im Behagen seines Sturzes, was wird er anfangen? Er hat die Wahl zwischen zwei Formen des

Heils: dem Glauben und dem Humor. Hat er noch einige Reste von Angst mit sich geschleppt, so wird er sie mit Hilfe von tausend Gebeten allmählich loswerden; es sei denn, er gefiele sich in einer freundlichen Metaphysik, dem Zeitvertreib erschöpfter Verseschmiede. Wenn er ganz im Gegenteil zum Spott geneigt ist, wird er seine Niederlagen so weit minimalisieren, daß er sie schließlich genießt. Je nach seinem Temperament wird er sich also der Frömmigkeit oder dem Sarkasmus ergeben. In beiden Fällen wird er seine Ambitionen ebenso wie seine Mißgeschicke überwunden haben, um ein höheres Ziel zu erreichen, nämlich ein artiger Verlierer zu werden, ein braver Ausgestoßener. (DS 65-70)

Der Wechsel von Rumänisch zu Französisch ist wie der Wechsel von einem *Gebet* zu einem *Vertrag.* (SuF 759)

Franzosen, die Rumänen kennengelernt haben, mögen sie nicht. Man kann sie verstehen: Sie haben ähnliche Fehler. (SuF 755)

Zwei Gesellschaftsformen
Brief an einen fernen Freund

Du schreibst mir aus dem Lande, das einmal unser war und nun keinem mehr gehört. Du drängst mich, Dir nach so vielen Jahren des Schweigens Einzelheiten über meine Beschäftigungen mitzuteilen und auch über diese »wundervolle« Welt, in der, sagst Du, ich das Glück habe zu wohnen und herumzukommen. Ich könnte antworten, daß ich ein beschäftigungsloser Mann bin und daß diese Welt gar nicht wundervoll ist. Doch eine so lakonische Antwort würde trotz ihrer Richtigkeit weder Deine Wißbegier stillen noch den vielen Fragen, die Du mir vorlegst, Genüge tun. Besonders betroffen hat mich eine von ihnen, die schon fast einem Vorwurf gleichkommt. Du möchtest wissen, ob ich die Absicht hege, eines Tages zu unserer eigenen Sprache zurückzukehren oder ob ich der anderen treu zu bleiben gedenke, in welcher Du mir ganz unbegründeterweise eine Leichtigkeit unterstellst, die ich nicht habe und nie haben werde. Es käme dem Bericht eines Alptraums gleich, wollte ich Dir im einzelnen die Geschichte meines Verhältnisses zu diesem geliehenen Idiom erzählen, zu allen diesen durchdachten und immer wieder durchdachten Wörtern, die bis zur Nichtexistenz verfeinert, verdünnt, unter das Joch der genauen Nuance gebeugt wurden, ausdruckslos, weil sie schon alles ausgedrückt haben, erschreckend in ihrer Präzision, mit Müdigkeit und Scham beladen, diskret noch in den Bereichen des Vulgären. Wie soll ein Skythe sich ihnen anpassen, wie soll er ihre klare Bedeutung erfassen und sie gewissenhaft und rechtschaffen handhaben? Da ist kein einziges, dessen ausgelaugte Eleganz mir nicht ein Schwindelgefühl verursacht: nirgends mehr an ihnen eine Spur von Erde, von Blut, von Seele. Eine Syntax von einer solchen Steifheit, einer so leichenhaften Würde hält sie umklammert und weist jedem seinen Ort an, daß Gott selbst sie nicht mehr umquartieren könnte. Welcher Verbrauch an Kaffee, Zigaretten und Wörterbüchern, um auch nur einen einigermaßen richtigen Satz in dieser unnahbaren, für meinen Geschmack allzu noblen, allzu distinguierten Sprache schreiben zu können!

Leider bemerkte ich das erst nachträglich, als es schon zu spät war, mich von ihr zu lösen; sonst hätte ich die unsere nie aufgegeben, nach deren Geruch von Frische und Fäulnis ich mich manchmal zurücksehne, nach diesem Gemisch von Sonne und Kuhmist, dieser wehmütigen Häßlichkeit, dieser prachtvollen Schlamperei. Zu ihr zurückkehren kann ich nicht, die andre, die ich an ihrer Stelle annehmen mußte, hält mich fest und unterjocht mich noch durch die Mühen, die sie mich immer wieder kostet. Bin ich ein »Renegat«, wie Du mir zu verstehen gibst? »Das Vaterland ist nur ein Zeltlager in der Wüste«, heißt es in einem tibetanischen Text. Ich gehe nicht so weit: ich gäbe alle Landschaften der Welt für die meiner Kindheit hin. Immerhin, muß ich hinzusetzen, wenn ich ein Paradies daraus mache, sind die Zaubertricks oder schwachen Stellen meines Gedächtnisses daran schuld. Verfolgt werden wir alle von unseren Ursprüngen; die Empfindung, die mir die meinigen einflößen, läßt sich zwangsläufig nur in negativen Ausdrücken wiedergeben, in der Sprache der Selbstbestrafung, der freiwilligen und öffentlich bekundeten Demütigung, der Zustimmung zum Unheil. Sollte für eine derartige Vaterlandsliebe die Psychiatrie zuständig sein? Ich gebe es zu, aber eine andere kann ich mir nicht vorstellen, und angesichts unserer Geschicke – warum sollte ich es Dir verbergen? – erscheint sie mir als die einzig vernünftige. (GU 7 f.)

Was habe ich in Frankreich gelernt? Zwei Dinge besonders: was Essen ist und was Schreiben heißt. Das Essen: Ich wohnte in einem kleinen Hotel im Quartier Latin, und jeden Morgen um neun sprachen der Besitzer, seine Frau und der Sohn über das Mittagsmenü. Ich war ganz erstaunt. Meine Mutter hat nie mit uns über so etwas gesprochen, nie, aber diese Familie hat jeden Morgen zu dritt darüber nachgedacht. Ich glaubte anfangs, sie hätten Gäste zum Essen, das war überhaupt nicht der Fall. Sie besprachen die Speisenfolge als ein tägliches Ereignis, das als solches eine eigene Wichtigkeit besaß. Das Essen, habe ich mir gesagt, gehört zur Zivilisation, das ist mehr als eine biologische Notwendigkeit, das ist sonderbarerweise unabhängig vom Hunger, das hat einen viel tieferen Sinn. Das ist ein Ritual. Mit 27 Jahren habe ich das Essen entdeckt, den Akt des

Essens als etwas ganz Eigenartiges. Ich habe aufgehört, Tier zu sein. Früher aß ich wie Leute, die nie von Kochkunst gehört hatten. Es war eine Offenbarung. Eine andere war das Schreiben.

Ich hatte einige Bücher in Rumänien geschrieben, auch wie ein Tier, instinktmäßig. Ich hatte nie an Stil gedacht. Wollte ich etwas sagen, war es mir ganz egal, wie. In Frankreich war das Gespräch mit einfachen Leuten ein Erlebnis. Ich denke an die Frau eines Schusters, die ihre Muttersprache verblüffend beherrschte. Ich habe sie gefragt: Lesen Sie viel? – Nein, nur den *Kleinen Larousse*. Es ist ihr gelungen, sogar philosophische Ausdrücke korrekt zu benutzen. Ich war erstaunt und fragte sie: Wie ist das möglich? – Ich liebe die Sprache, war ihre Antwort.

Diese Anbetung der Sprache bewirkt, daß eine Frau aus dem Volk etwas Gemeinsames hat mit dem größten französischen Genie. Ich war erschüttert, als ich las, daß Pascal einige seiner Briefe gegen die Jesuiten, die sogenannten »Provinciales«, siebzehnmal umgeschrieben hat. Das Wort als Wert an und für sich, könnte man sagen.

Diese Vergötzung gibt es vielleicht nur in Frankreich, und sie ist besonders sichtbar im Briefeschreiben. Briefeschreiben gilt hier als Kunst, deren Höhepunkt im 18. Jahrhundert erreicht wurde. Briefeschreiben und Konversation sind die größten Leistungen des französischen Salonlebens. Was diese Kunst auszeichnet, ist der Glanz der Stilstrenge. Diese Tradition hat sich bis zum Ersten Weltkrieg erhalten, seit dem letzten Krieg ist es mit diesem Kultus aus. (GeBerg 28 ff.)

Das Französisch: ideales Vehikel, um zweideutige Gefühle taktvoll auszudrücken. (ZF 143)

»Das Naive ist eine Nuance des Niedrigen«, hat Fontenelle gesagt. Es gibt Aussprüche, die Schlüssel eines Landes sind, weil sie uns das Geheimnis seiner Grenzen ausliefern. (VS 94)

Im französischen XVIII. Jahrhundert ist nie eine Banalität geäußert worden. Im übrigen hat Frankreich Dummheit immer für ein Laster, Geistlosigkeit für eine Immoralität gehalten. Ein Land, in dem man nur *nihilistisch* an etwas glauben kann ... Die Salons waren die Gärten des Zweifels. Und die an Klugheit krankenden Frauen, in skeptischen Küssen schluchzend ... Wer vermag die Paradoxie dieses Volkes zu verstehen, das den Scharfblick mißbrauchte, der Liebe aber dennoch nicht überdrüssig wurde? Welche Wege zur Erotik mag es aus der Wüste der Betrübnis und der Logik entdeckt haben? Was hat es von Natur aus in die Naivitätslosigkeit getrieben? Gab es in Frankreich denn jemals ein Kind? (GD 181 f.)

Das französische Genie – ein Genie des Formulierens. Ein Volk, das die Definitionen liebt, also das, was den geringsten Bezug zu den Dingen hat. (CA 49)

Napoleon liebte auf St. Helena, dann und wann in einer Grammatik zu blättern ... Damit wenigstens bewies er, daß er Franzose war. (VS 95)

Borges – ein Macher, ein geglückter Paulhan. Alle seine Ausgangspunkte sind *literarisch*; noch schlimmer: livresker Natur. Er war dafür geschaffen, in Frankreich Erfolg zu haben, wo man über alles das Verfahren, den Kunstgriff, das Artifizielle liebt. Borges oder die universale List. (Akzente 346)

Deutschlands Drama: keinen Montaigne gehabt zu haben. Welche Chance für Frankreich, daß es mit einem Skeptiker *begonnen hat!* (VS 109)

Paris, der vom Paradies am weitesten entfernte Punkt, bleibt nichtsdestoweniger der einzige Ort, wo es wohltut zu verzweifeln. (SB 87)

Stil – Sprache – Literatur

Das Schreiben bedeutete für Cioran wohl einen unverzichtbaren Aderlaß seiner Obsessionen, Reflexionen und Verzweiflungen. Daß jedoch die dabei entstandenen Texte kaum je den Anblick erster ungeformter oder ausufernder Fassungen bieten, ist wesentlich auf des Autors ausgeprägtes Verkürzungs-, Zuspitzungs- und Pointierungsstreben – seinen Willen zum Stil – zurückzuführen. Ciorans Neigung zu einer nuancierten Diktion bildet gewissermaßen eine formale Brücke, die ihn mit einer vor allem in Frankreich bekannt gewordenen Gruppe von Schriftsteller-Philosophen, den sogenannten Moralisten, verbindet. Die Moralisten haben allerdings mit dem landläufigen Verständnis von Moral im Sinne einer Moralpredigt oder gar einer ›moralinsauren‹ Haltung nicht mehr gemein als eben den Begriff, der zudem im Französischen etwas anderes bedeutet als im Deutschen. Die Erklärung etwa, die der Kleine Larousse *für das Wort »Moralist« gibt, lautet:* »Un écrivain qui écrit sur les mœurs«. *Es sind also vornehmlich die Verhaltensweisen der Menschen, genauer die Ab- und Hintergründe der alltäglichen Anthropologie, welche die moralistischen Autoren und auch Cioran beschäftigten. Und die beiden Gattungen, in denen Cioran sich bevorzugt ausdrückte – Essay und Aphorismus – sind von zwei moralistischen Autoren des sechzehnten und siebzehnten Jahrhunderts, nämlich Montaigne (Essay) und La Rochefoucauld (Aphorismus), geprägt und entwickelt worden. Es ist nicht verwunderlich, daß Cioran beim mühevollen Perfektionieren seines Französisch, des ›geliehenen Idioms‹, eine erhöhte Aufmerksamkeit für die Gefahren und Möglichkeiten stilbewußter Schreibweisen entwickelt hat. Diese erhöhte Aufmerksamkeit zeigte sich auch in einer skeptischen Haltung gegenüber der Verschriftlichung lebendigen*

Denkens. Seinem jähen Temperament entsprach dabei am ehesten die ›ehrliche‹ Form des Fragments, die sich besonders für seine kathartischen Schreibkuren eignete.

Ein zerstörerisches Buch zu überleben ist für den Leser nicht weniger kompromittierend als für den Autor.

(ZF 40)

Obgleich ich geschworen hatte, niemals gegen den heiligen Lakonismus zu sündigen, bleibe ich stets Komplize der Wörter, und wenn ich vom Schweigen verführt bin, so wage ich nicht, in es einzutreten, ich streiche nur um seine Peripherie herum. (NG 160)

Ein Gedanke muß befremdlich sein wie die Ruine eines Lächelns. (GD 235)

Es gibt zwei Arten von Geistern: jene, die den Ablauf, die Entwicklung lieben, und jene, die das fertige Ergebnis vorziehen. Die einen interessieren sich ganz besonders für den Vorgang, für die Etappen, für die aufeinanderfolgenden Ausformungen des Gedankens oder der Tat, die anderen hingegen für die endgültige Formel, für den Ausschluß von allem übrigen. Ich habe immer zu letzterem tendiert, zu einem Chamfort, Joubert oder Lichtenberg, die uns ein Resultat darbieten, ohne den Weg preiszugeben, der sie dahin geführt hat. Sei es aus Zurückhaltung, sei es aus Sterilität – sie können sich nicht von der Vergötzung der Knappheit befreien. Sie möchten alles auf einer Seite, in einem Satz, einem Wort sagen. Manchmal gelingt es ihnen, aber recht selten. Der Lakonismus muß sich mit dem Schweigen abfinden, will er nicht in eine pseudoenigmatische Tiefe abfallen. Wie auch immer, wenn man diese überfeinerte, pointierte oder, wenn man so will, sklerotische Ausdrucksform liebt, kommt man nur schwer davon los, um einer anderen wirklich anzuhangen. Wer lange Zeit sich mit den Moralisten abgegeben hat, kann Balzac nur schwer verstehen, aber durchaus die Gründe jener erraten, die eine Schwäche für ihn haben und in seinem Universum ein Gefühl von Leben, von Entgrenzung, von Freiheit schöpfen, das dem Liebhaber der Maxime, eines kleineren Genres, bei dem Vollkommenheit und Atemnot ineinander übergehen, wiederum unbekannt ist. (WK 33 f.)

Die große Kunst besteht darin, über sich selbst in einer unpersönlichen Art zu sprechen (das Geheimnis der Moralisten). (CA 52)

Die Moralisten und ihr Geheimnis

Haben wir das All mit Traurigkeiten vollgepfropft, so bleibt uns, um den Geist zu entfachen, nur noch die Freude – die schier unmögliche, seltene, jäh uns durchstrahlende Freude. Und erst wenn wir unsere Hoffnung aufgegeben haben, erleben wir ihre Faszination: das Leben – Geschenk der Todessüchtigen an die Liebenden … Die Ausrichtung unserer Gedanken ist nicht dieselbe wie die unserer Herzen, und so bewahren wir insgeheim eine Zuneigung zu dem von uns Zertretenen. So verzeichnet der eine das Geräusch des Weltengetriebes: gar zu lange hat er von Sphärenharmonien geträumt, und nun, da er nichts vernommen hat, lauscht er gedemütigt dem Lärm seiner Umwelt. Eine gefolterte Sensibilität, ein verletztes Zartgefühl führt bittere Reden. Die Giftigkeit eines La Rochefoucauld oder eines Chamfort ist nichts anderes als ihre Rache an einer auf Rohlinge zugeschnittenen Welt. Bitterkeit birgt stets ein Rachegefühl und gelangt schließlich in einem System zum Ausdruck: im Pessimismus – in der *Grausamkeit der Besiegten*, die es dem Leben nicht verzeihen können, daß es sie in ihren Erwartungen getäuscht hat.

Fröhlichkeit, die tödliche Schläge austeilt ... Heiterkeit, die unter einem Lächeln den Dolch verbirgt ... Ich denke an gewisse Sarkasmen Voltaires, an die Schlagfertigkeit Rivarols, an den beißenden Spott der Madame du Deffand, an das durch so viel Eleganz durchscheinende Grinsen, an die aggressive Leichtfertigkeit der Salons, an die so unterhaltsamen und dabei mörderischen Geistesblitze, an die in übertriebener Höflichkeit enthaltene Bitterkeit ... Und ich denke mir einen *idealen Moralisten* – eine Mischung aus lyrischem Schwung und Zynismus: exaltiert und eiskalt, zerstreut und voll beißendem Spott; einem Rousseau ebenso nahe wie einem Choderlos de Laclos; Sade und Vauvenargues, Taktgefühl und die Hölle in sich vereinend ... Die Sitten an *sich selber* beobachtend, braucht er nirgends Erfahrungen zu sammeln: die allergeringste, sich selbst geschenkte Aufmerksamkeit würde ihm die Widersprüche des Lebens enthüllen, und so vollkommen würde er sämtliche Aspekte des Lebens widerspiegeln, daß dieses sich vor Scham über seine *Überflüssigkeit* verflüchtigen würde ...

Keine unausgesetzte Beachtung des Lebens, die nicht zu einem Akt der Vernichtung führte: hierin liegen das Verhängnis jeglichen Beobachtens und all die Mißlichkeiten, die dem Beobachtenden erwachsen – von den Moralisten bis herunter zu Proust. Vor dem forschenden Auge zerfließen sie alle: die Leidenschaften, die erprobten Zuneigungen, die Begeisterungen – sie eignen nur den einfachen, sich und den anderen Treue bewahrenden Geistern. Eine Spur von Aufgeklärtheit im »Herzen« – und dieses wird zum Sitz erheuchelter Gefühle und macht aus dem Liebenden einen *Adolphe* und aus dem Unbefriedigten einen *René*. Wer liebt, untersucht nicht die Liebe, wer handelt, meditiert nicht über das Tun: studiere ich meinen »Nächsten«, so hat er auch schon aufgehört, es zu sein; analysiere ich mich, so bin ich nicht mehr ich, sondern ein *Objekt*, ebensogut wie jeder beliebige andere. Der Gläubige, der seinen Glauben wägt, wird zuletzt auch Gott in die Waagschale werfen und seine Frömmigkeit nur darum bewahren, weil er sie zu verlieren fürchtet. Der sich am Gegenpol jeglicher Naivität, jeglicher integralen und echten Existenz befindende Moralist reibt sich in einem ständigen *Gegenüber* mit sich und den anderen auf: ihm, der ein Possenreißer, ein Mikrokosmos von Hintergedanken ist, ist das Machwerk unerträglich, das die Menschen, um leben zu können, spontan akzeptieren und ihrer Natur einverleiben. Alles scheint ihm bloße Konvention: er demaskiert die Beweggründe der Gefühle und Handlungen, die Trugbilder der Zivilisation: er leidet nämlich darunter, daß er sie im voraus erkannt und überwunden hat. Denn diese Trugbilder spenden Leben, *sind* das Leben, während sein Dasein, indem er sie betrachtet, irregeleitet wird von der Suche nach einer »Natur«, die es nicht gibt, und die, gäbe es sie, ihm ebenso fremd wäre wie das Machwerk, das man ihr hinzugefügt hat. Die Zurückführung psychischer Vielgestaltigkeit auf ihre Elemente stellt – ebenso wie ihre Explikation und Zergliederung – eine Operation dar, die für den sie Durchführenden weit unheilvoller ist als für sein Opfer. Man löst seine Gefühle auf, wenn man ihnen auf allen Wegen und Umwegen folgt, wie man ja auch seinen Elan aufhebt, wenn man seinem Ansteigen nachspäht; und wenn man die Bewegungen der anderen zerlegt, so sind es nicht diese anderen, die unterwegs straucheln ... Alles, woran man keinerlei Anteil hat, scheint unvernünftig, die sich Bewegenden jedoch können nicht umhin fortzuschreiten, während der sie Beobachtende, wohin er sich auch wenden mag, ihren unsinnigen Triumph nur verzeichnet, um seine eigene Niederlage zu entschuldigen. Denn Leben ist nur bei Nichtbeachtung des Lebens möglich. (LZ 196-198)

Oberste Pflicht des Moralisten ist, seine Prosa zu entpoetisieren: erst danach, die Menschen zu beobachten. (VS 94)

Der Memoiren-Freund

Indem die Mystiker zwischen innerem und äußerem Menschen unterschieden, entschieden sie sich zwangsläufig für den ersteren, das ausgesprochen reale Wesen; der zweite, ein düsterer oder lächerlicher Hampelmann, kam von Rechts wegen den Moralisten zu, seinen Anklägern und dennoch seinen Komplizen, die, von seiner Nichtigkeit abgestoßen und angezogen, unfähig waren, die Zweideutigkeit zu überwinden, es sei denn durch Bitterkeit, diese erniedrigte Traurigkeit, der einzig ein Pascal widersteht, weil er seinem Verdruß stets überlegen ist. Und gerade wegen dieser Überlegenheit beeindruckte er die Memoirenschreiber nicht, während die ansteckende Bissigkeit eines La Rochefoucauld sich im Hintergrund all ihrer Porträts und Erzählungen befindet.

Da er niemals laut wird noch barsch, ist der Moralist natürlich wohlerzogen, und er beweist es, indem er seinen Nächsten mit Eleganz verabscheut und, ein wichtiges Detail, indem er wenig schreibt ... Gibt es ein besseres Merkmal der »Zivilisation« als den Lakonismus? (...) (G 20)

Die Wollust des Geistesblitzes ist mir zu eigen. Das verbindet mich eng mit dem achtzehnten Jahrhundert.

(CA 33)

»Denn das ist die Eigenschaft aller echten Form, daß der Geist augenblicklich und unmittelbar daraus hervortritt, während die mangelhafte Form ihn wie ein schlechter Spiegel gebunden hält und uns an nichts erinnert als an sich selbst.«

Indem Kleist dieses so wenig deutsche Lob der Klarheit aussprach, hatte er nicht speziell an die Philosophie gedacht; sie ist es jedenfalls nicht, die er im Auge hatte; nichtsdestoweniger ist es die beste Kritik am philosophischen Jargon, an dieser Pseudosprache, die Ideen wiedergeben will und nur fertigbringt, sich auf ihre Kosten zu profilieren, sie zu verfälschen und zu verdunkeln, nur sich selber zur Geltung zu bringen. Durch eine der beklagenswertesten Machtanmaßungen ist das Wort in einem Bereich, in dem es unmerklich sein sollte, zum Star geworden.

(NG 41)

Was gesagt werden kann, entbehrt der Wirklichkeit. Nur das, was sich gegen das Wort sperrt, existiert und zählt.

(G 146)

Seine Gedanken sammeln, armselige Wahrheiten aufpolieren bekommt zur Not der erste beste fertig; aber die *Pointe*, mangels deren eine Raffung nur eine Aussage, weiter nichts als eine Maxime ist, erfordert ein Quentchen Virtuosität, sogar Scharlatanerie. Die redlichen Geister sollten sich nicht darauf einlassen. (G 156)

Tschechow ist der große Spezialist der »kleinen Ironien des Lebens«. Das Tragisch-Komische ist zweifelsohne die angemessenste Art, das Wesen des Alltäglichen wiederzugeben. Aber im Literarischen ist das Tragisch-Komische äußerst schwierig, weil es auf Nichtigkeiten beruht, deren Dosierung einen Instinkt, ein sicheres Feingefühl erfordert. (Akzente 352)

Stil als Hochstapelei: den üblichen Traurigkeiten eine ungewohnte Wendung geben, die kleinen Mißgeschicke hübsch aufputzen, das Leere bekleiden, *durch das Wort* existieren, durch die Phraseologie des Seufzers oder des Sarkasmus! (SB 14)

Der Stil als Abenteuer

Die Sophisten, eingefuchst auf eine rein verbale Kunst des Denkens, waren die ersten, die sich damit abgaben, über die Wörter nachzudenken, über ihren Wert und ihre Eigentümlichkeit, über die Funktion, die ihnen im Ablauf des Denkvorgangs zukam: das war der entscheidende Schritt auf dem Wege zur Entdeckung des Stils, Stil als Selbstzweck begriffen, als eigentliches Ziel. Man brauchte dieses verbale Aufstöbern nur noch zu erweitern, ihm als Gegenstand die Harmonie des Satzbaus zu geben und dem Spiel der Abstraktion das Spiel des Ausdrucks folgen zu lassen. Der Künstler, der über seine Mittel nachdenkt, ist also dem Sophisten zu Dank verpflichtet, er ist ihm organisch verwandt. Nach verschiedenen Richtungen verfolgen beide die gleiche Art von Tätigkeit. Sie haben aufgehört, *Natur* zu sein, und leben im Dienste des Wortes. Nichts Ursprüngliches ist mehr in ihnen, nichts verbindet sie mehr mit den Quellen der Erfahrung; keine Naivität, kein »Gefühl«. Wenn der Sophist denkt, beherrscht er sein Denken in solchem Grade, daß er daraus macht, was er will. Da es ihn nicht mitreißt, lenkt er es im Sinne seiner Kaprizen oder seines Kalküls. Mit seinem eigenen Geist geht er wie ein Stratege um, er meditiert nicht, er entwirft, und zwar nach einem ebenso abstrakten wie künstlichen Plan, intellektuelle Operationen, er schlägt Breschen in die Begriffe und ist ganz stolz, wenn er ihre Brüchigkeit aufzeigen oder ihnen willkürlich Festigkeit und Sinn verleihen kann. Die »Wirklichkeit« kümmert ihn wenig; sie hängt, wie er sehr wohl weiß, von den Zeichen ab, die sie ausdrücken; wichtig ist, deren Meister zu bleiben.

Auch der Künstler beginnt mit dem Wort und gewinnt erst aus ihm das Erlebnis: der *Ausdruck* verschafft ihm die einzige ursprüngliche Erfahrung, deren er fähig ist. Die Symmetrie, die Anordnung, die Vollkommenheit der formalen Arbeitsprozesse repräsentieren seine natürliche Umwelt. Hier lebt er, hier atmet er. Und weil er es darauf abgesehen hat, die Kapazität der Worte bis zum äußersten auszubeuten, liegt ihm mehr an der Ausdrucksform als am Ausdrucksgehalt. Da er in einem geschlossenem System lebt, entgeht er der Sterilität nur durch die fortgesetzte Erneuerung, nur durch ein Spiel, das die Nuance zum Idol erhebt und der Verbalchemie Dosierungen ermöglicht, die für eine naive Kunst unvorstellbar wären. Eine so überlegte Tätigkeit hat ihren Ort zwar am Gegenpol des Erlebnisses, dafür nähert sie sich aber den höchsten Graden des Intellekts. Sie macht aus dem Künstler, der sich ihr ergeben hat, einen Sophisten der Literatur.

Im Leben des Geistes gibt es einen Zeitpunkt, wo das Schreiben sich zum autonomen Prinzip erhebt und Schicksal spielt. In solchen Augenblicken enthüllt das Wort, sei es in philosophischen Spekulationen, sei es in literarischen Produktionen, seine Kraftfülle und seine Nichtigkeit.

Die Schreibweise eines Schriftstellers ist physiologisch bedingt. Er besitzt einen eigenen zwingenden und unaufhebbaren Duktus. Man kann sich keinen Saint-Simon vorstellen, der in einer bewußten Metamorphose die Struktur seiner Sätze verändert, ebensowenig wäre es denkbar, er hätte einen kargen Lakonismus praktizieren können. Alles in ihm verlangte danach, seine Natur in weitverzweigten, üppig bewegten Sätzen auszuleben. Die Gebote des Satzbaus mußten ihn wie eine Qual und eine Besessenheit verfolgen. Der Hauch, die Kadenz und die Kraft seiner Atemzüge zwangen ihm jene flüssige und großzügig strömende Bewegung auf, die den starren Schranken der Worte Hohn spricht. Es gab bei ihm einen Orgelklang, der weit entfernt ist von den Flötentönen, die das Französische eigentlich kennzeichnen. Daher jene Perioden, die den Punkt scheuen, ineinander greifen und einander überlagern, gar nicht genug Umwege machen können und ihr Ende solange wie möglich hinausschieben.

Als diametraler Gegensatz läßt sich La Bruyère anführen: die Art, wie er den Satz abschneidet, ihn zusammenzieht, ihn zum Stillstand bringt, nur darauf bedacht, seinen Umfang zu begrenzen. Das Semikolon ist seine Obsession; die Zeichensetzung hat er im Blut. Seine Meinungen und sogar seine Empfindungen sind abgelagert. Er schreckt davor zurück, sie willkürlich hervorzurufen, sie zu reizen oder sie zu übersteigern. Da er kurzatmig ist, sind die Umrisse seines Denkens knapp. Lieber würde er unterhalb seiner Natur bleiben als über sie hinausgehen. Damit huldigt er dem Genius einer auf die Seufzer des Intellekts spezialisierten Sprache, für die alles Nichtzerebrale verdächtig oder nichtig ist. Durch ihre eigene Vollkommenheit ist sie zur Trockenheit verdammt, unfähig, sich die Ilias und die Bibel, Shakespeare und Don Quijote anzueignen und zu übersetzen, bar aller Gefühlsgehalte und gleichsam von ihrem Ursprung abgeschnitten; dem Uranfänglichen und Kosmischen bleibt sie verschlossen, allem, was dem Menschen vorausgeht oder ihn überschreitet. Die Ilias, die Bibel, Shakespeare oder Don Quijote haben dagegen teil an einer Art von naiver Allwissenheit, die zugleich über und unter den menschlichen Möglichkeiten liegt. Das Erhabene, das Schreckliche, die Lästerung oder der Schrei werden im Französischen nur angewandt, um sie durch Rhetorik zu denaturieren. Weder für den Rausch noch für den naiven Humor gibt es hier die geeigneten Mittel. Achilles, Priamus, David, Lear oder Don Quijote ersticken unter den strengen Regeln einer Sprache, die sie töricht, kläglich oder ungeheuerlich erscheinen läßt. So verschieden sie unter sich sind, sie haben doch alle gemeinsam, daß sie noch auf der Seinsstufe der Seele leben, und diese braucht zu ihrem Ausdruck eine Sprache, welche den Reflexen treu bleibt, instinktgebunden, nicht entsinnlicht.

Ein phantasievoller Fremder, einer, der sich mit Sprachwelten vertraut gemacht hat, deren Plastizität ihm die Illusion grenzenlosen Könnens gab, ein Liebhaber von Improvisation und Unordnung, den das Unvermögen zur Klarheit bis an den Rand von Exzessen der Vieldeutigkeit verfolgt, er wird sich nur zögernd und schüchtern mit dem Französischen befreunden. Dennoch wird er darin einen Heilsweg, eine Askese und eine Therapie erkennen. Indem er sich darin übt, wird er von seiner Vergangenheit genesen. Er lernt, ein ganzes Kapital von Dunkelheit, auf das er so großen Wert legte, aufzuopfern, er wird einfach, er wird ein anderer, verzichtet auf seine Extravaganzen, überwindet seine früheren Verwirrungen, gewöhnt sich mehr und mehr an den gesunden Menschenverstand und an die Vernunft; im übrigen, was die Vernunft angeht, wie kann man sie überhaupt verlieren, wenn man sich eines Werkzeugs bedient, das ihre Ausübung, ja sogar ihren Mißbrauch voraussetzt? Narr – oder Dichter –, wie kann man das in einer solchen Sprache werden? Alle Worte scheinen ihren Sinn klar und deutlich zu verkörpern: es sind luzide Worte. Sie in den Dienst poetischer Ziele zu stellen gleicht einem Abenteuer oder einem Martyrium.

»Das ist schön wie Prosa.« Ein ausgesprochen französisches Paradox. Die Welt reduziert sich auf den Satzbau, *die Prosa als einzige Realität*, die auf sich selbst zurückgeführte Vokabel, emanzipiert vom Gegenstand und von der Welt: Klangfigur an sich, von der Außenwelt abgeschnitten, tragische Selbstheit einer ihrer eigenen Vollendung ausgelieferten Sprache.

Wenn man den Stil unserer Zeit betrachtet, stellt man sich unwillkürlich die Frage nach den Ursachen seiner Verderbnis. Der moderne Künstler ist ein Einsamer und schreibt nur für sich selbst oder für ein Publikum, von dem er sich keine genaue Vorstellung macht. Da er an eine Epoche gebunden ist, bemüht er sich, ihre Gesichtszüge darzustellen, aber diese Epoche ist notgedrungen *gesichtslos*. Er weiß nicht, an wen er sich wendet, er kann sich kein Bild von seinem Leser machen. Im 17. und im folgenden Jahrhundert hatte der Schriftsteller einen kleinen Interessentenkreis im Auge, dessen Ansprüche er kannte und dessen Aufnahmevermögen ihm nach den Abstufungen von Feingefühl und Scharfsinn vertraut war. Er war in seinen Möglichkeiten begrenzt, denn er durfte sich niemals von den Regeln des guten Geschmacks entfernen, die wirksam waren, auch wo sie sich nicht in Formeln ausdrückten. Die Zensur der Salons war strenger als die unserer heutigen Kritiker, aber sie erlaubte die Entfaltung vollkommener und doch zweitrangiger Genies, welche der Eleganz, dem Reiz der Miniatur und dem Endlichen verpflichtet blieben.

Der Geschmack formt sich durch den Druck, den die Muse der Muße auf die Literatur ausübt. Er formt sich ganz besonders dort, wo die Gesellschaft raffiniert genug ist, um in der Literatur den Ton anzugeben. Wenn man bedenkt, daß in anderen Zeiten eine hinkende Metapher einen Schriftsteller diskreditierte, daß irgendein Akademiemitglied wegen einer falschen Wortwahl sein Gesicht verlieren oder daß ein im Gespräch mit einer Kurtisane hingeworfener Geistesblitz eine Lebensstellung, ja sogar eine Abtswürde verschaffen konnte (dies war der Fall bei Talleyrand), dann ermißt man, welche Strecke man inzwischen zurückgelegt hat. Der Terror des Geschmacks hat aufgehört, und mit ihm verschwand der Aberglaube des Stils. Darüber zu klagen wäre ebenso lächerlich wie wirkungslos. Wir haben eine hinreichende solide Tradition von Vulgarität hinter uns; ihr muß sich die Kunst anbequemen, mit ihr zufrieden sein oder sich in einer absolut subjektiven Ausdrucksform verinseln. Für jedermann oder für niemanden schreiben, diese Wahl hat der Autor heute, je nach seiner Veranlagung. Wie wir uns auch entscheiden mögen, wir können die Gewißheit haben, jener Vogelscheuche, die einstmals der Verstoß gegen den Geschmack war, auf unserem Wege nicht mehr zu begegnen.

Für die Prosa ist Poesie ein Virus, der poetische Stil verfälscht ihren Ton und richtet sie zugrunde: poetische Prosa ist kranke Prosa. Außerdem wirkt sie immer überholt: Metaphern, die bei einer Generation beliebt waren, erscheinen der folgenden lächerlich. Einen Saint-Evremond, einen Montesquieu, einen Voltaire, einen Stendhal vermögen wir heute zu lesen, als wären sie unsere Zeitgenossen, weil sie nämlich weder durch Lyrismus noch durch ein Übermaß an Bildern gesündigt haben. Da die Prosa wesentliche Merkmale mit der Protokollführung gemeinsam hat, muß der Prosa-Autor seine ersten Aufwallungen überwinden und sich gegen die Versuchung zur Ehrlichkeit wehren: alle Geschmacksverirrungen kommen aus dem »Herzen«. Das *Volk* in uns trägt die Verantwortung für unsere Herzensergüsse, unsere Gefühlsausbrüche: was kann plebejischer sein als ein Gefühl?

Geschmack ist eine Summe feiner, kaum wahrnehmbarer Zwänge, Sinn für Dosierung und Proportion, wachsame Lenkung unserer Fähigkeiten, Takt und Schamgefühl im Umgang mit den Worten, also die Eigentümlichkeit von Autoren, die in keiner Weise der Manie, »tief« zu sein, verfallen sind und deshalb einen Teil ihrer Ursprünglichkeit zugunsten einer gewissen Blässe der Erscheinung opfern. Selbstverständlich wird man solche Autoren in unserem Jahrhundert kaum finden. Das Zeitalter, wo man noch in wundervoller Weise oberflächlich sein konnte, ist für immer dahin. Der Verfall der edlen Anmut bedeutete auch den des Stils. Dieser wurde pittoresk, umständlich und zerbrach unter der Last seines eigenen Reichtums. Wer trägt daran die Schuld, wenn es eine Schuld gibt? Vielleicht müßte man sie der Romantik zuschreiben, doch sie selbst war die Folge eines allgemeinen Niedergangs, ein Streben nach Freiheit *auf Kosten der edlen Anmut.* Allerdings hätte die Verfeinerung des 18. Jahrhunderts sich nicht fortsetzen lassen, ohne in Schablone, Affektiertheit oder Sklerose abzusinken.

Eine Nation im Niedergang entwertet sich auf allen Ebenen zugleich. »Jede persönliche oder nationale Niveausenkung«, bemerkt Joseph de Maistre, »tritt sofort in streng gleichbleibendem Verhältnis auch als Niveausenkung der Sprache in Erscheinung.« Unsere Wertverluste färben auf unsere Schreibweise ab; für eine Nation heißt dies, wenn ihr Instinkt immer weniger sicher reagiert, zieht er sie in eine entsprechende Unsicherheit auf allen Gebieten hinab. Frankreich hat seit mehr als einem Jahrhundert sein altes Vollkommenheitsideal aufgegeben. Ebenso erging es Rom: Der Niedergang seiner Macht ging historisch mit der Verwässerung der lateinischen Sprache zusammen, die im Dienste ihr wesensfeindlicher Doktrinen und Chimären ein williges Werkzeug wurde, dessen die Konzilien sich bemächtigten. Die Sprache des Tacitus wurde deformiert, trivialisiert und dazu gezwungen, weitschweifige Abhandlungen über die Dreieinigkeit zu ertragen! Die Worte haben das gleiche Schicksal wie die Reiche.

In der Ära der Salons erwarb das Französische eine Trockenheit und eine Transparenz, die es ihm ermöglichten, zur Weltsprache zu werden. Als es begann, kompliziert zu werden und sich Freiheiten herauszunehmen, mußte seine Struktur darunter leiden. Es befreite sich schließlich zum Schaden seiner Universalität und entwikkelte sich, wie auch Frankreich, in Richtung auf den polaren Gegensatz seiner Vergangenheit und seines Geistes. Eine unvermeidliche doppelte Auflösung. Zur Zeit Voltaires versuchte ein jeder zu schreiben wie jedermann. Aber jedermann schrieb vollkommen. Heute will der Schriftsteller seinen eigenen Stil und seinen persönlichen Ausdruck haben; es gelingt ihm, indem er die Sprache zersetzt, ihre Regeln vergewaltigt und ihre feste Form, ihre prachtvolle Monotonie untergräbt. Es wäre sinnlos, sich diesem Prozeß entziehen zu wollen. Auch ohne es zu beabsichtigen, trägt man dazu bei, und es muß so sein, bei Strafe des literarischen Todes. Da es feststeht, daß die französische Sprache im Verfall begriffen ist, erklären wir uns mit ihrem Schicksal solidarisch, profitieren wir von den Tiefen, die sie darin zutage fördert, von ihrem Eifer, die Scheu vor ihren Grenzen zu überwinden. Ihre letzten Strahlen schmähen, ihren schönen Herbst anklagen, nichts könnte fruchtloser sein. Versuchen wir vielmehr, uns darüber zu freuen, daß wir in einer Zeit leben, wo die Worte, ganz gleich in welchem Sinne sie gebraucht werden, sich von jedem Zwang freimachen und wo die Bedeutung aufgehört hat, Herrschaftsansprüche zu erheben. Ohne jeden Zweifel: Wir wohnen dem glänzenden Zerfall einer Sprache bei. Ihre Zukunft? Vielleicht wird sie noch einige Neuansätze von Verfeinerung erleben oder aber, was wahrscheinlicher ist, sie wird im Dienste moderner Konzilien enden, die schlimmer sein werden als die von einst. Auch eine rasche Agonie könnte ihr bestimmt sein. Ob sie auf dem Wege ist oder nicht, ein Trümmerfeld zu werden, fest steht jedenfalls, wir sehen viele ihrer Vokabeln den letzten Rest ihrer Lebenskraft verlieren. Wird sich der Geist der Prosa in andere Sprachräume flüchten?

Zum Land der Worte ist Frankreich mit Hilfe der Skrupel geworden, die es ihnen entgegenbrachte. Es bleiben noch Spuren von diesen Skrupeln. Eine Zeitschrift, die im Jahre 1950 die Bilanz der Jahrhunderthälfte zog, zitierte für jedes Jahr das interessanteste Erlebnis: Abschluß der Dreyfus-Affaire, Besuch des Kaisers in Tanger etc. ... Für 1911 notiert sie einfach nur: »Faguet erlaubt das *malgré que*.« Hat man irgendwo anders dem Wort, seiner täglichen Funktion, den Feinheiten seines Daseins, eine derartige Sorgfalt entgegengebracht? Frankreich hat es bis zum Laster geliebt, sogar auf Kosten der Dinge. Skeptisch betrachtet es unsere Möglichkeiten, die Wahrheit zu erkennen, nicht aber unsere Möglichkeiten, unsere Zweifel zu formulieren, bis zu dem Grade, daß es unsere Wahrheiten gleichsetzt mit dem Ausdruck des Mißtrauens, das wir ihnen entgegenbringen. Jede feinfühlige Zivilisation stellt eine radikale Trennung zwischen Wort und Wirklichkeit her.

Im absoluten Sinne von Dekadenz reden besagt nichts: in Bezug auf eine Literatur oder eine Sprache betrifft sie nur denjenigen, der sich der einen oder der anderen verbunden fühlt. Ob das Französische verkommt? Nur wer in ihm ein einmaliges und unersetzliches Instrument erblickt, gerät darüber in Schrecken. Ihn tröstet es nicht, daß man vielleicht in Zukunft ein anderes findet, das leichter zu handhaben und weniger anspruchsvoll wäre. Wenn man eine Sprache liebt, ist es ehrenrührig, sie zu überleben.

Seit zwei Jahrhunderten hat sich jede Originalität als Opposition zum Klassizismus manifestiert. Es gibt keine neue Form oder Formel, die nicht gegen ihn gewesen wäre. Das Erworbene in den Wind zu streuen scheint mir die Wesenstendenz des modernen Geistes zu sein. In jedem beliebigen Sektor der Kunst setzt sich jeder Stil gegen den *Stil* durch. Wir gewinnen das Bewußtsein von uns selbst, indem wir alle Begriffe von Vernunft, Ordnung, Harmonie untergraben. Um noch einmal auf die Romantik zu kommen, sie war nichts anderes als ein Drang zu einer der fruchtbarsten Auflösungen. Die klassische Welt ist nicht mehr lebensfähig, wir müssen sie abschütteln oder ihr ein Gefühl für Unvollendbarkeit einflößen. Die »Vollkommenheit« berührt uns nicht mehr: der Rhythmus unseres Lebens macht uns für sie unempfindlich. Um ein »vollkommenes« Werk zu schaffen, muß man *warten* können, muß man im Innern dieses Werkes leben, bis es an die Stelle der Welt getreten ist. Weit davon entfernt, das Produkt einer Spannung zu sein, ist es eher die Frucht des geduldigen Nichthandelns, das Ergebnis langfristig angesammelter Energien. Wir jedoch verschwenden uns, wir sind Menschen ohne Ersparnisse; und somit gar nicht fähig, unfruchtbar zu sein, im Automatismus der Schöpfung hingerissen, immer bereit für jedes beliebige Werk, für jedes halbe Gelingen.

Die »Vernunft« verschwindet nicht nur aus der Philosophie, sondern auch aus der Kunst. Die allzu vollkommenen Personen von Racine scheinen uns einer anderen, kaum begreiflichen Welt anzugehören. Nicht nur Phädra macht den Eindruck, als wollte sie sagen: »Schaut euch meine schönen Leiden an. Dergleichen werdet ihr nie empfinden können.« Wir leiden nicht mehr in dieser Weise. Unsere Logik sieht anders aus; wir haben gelernt, auf Evidenz zu verzichten. Daher kommt unsere Leidenschaft für das Ungefähre, die

Unschärfe unserer Gesten und unseres Skeptizismus. Unsere Zweifel definieren sich nicht im Verhältnis zu unseren Gewißheiten, sondern in bezug auf andere, beharrlichere Zweifel, die ein wenig geschmeidiger gemacht werden sollen, ein wenig hinfälliger, so als wäre unsere Absicht nicht etwa die Feststellung einer Wahrheit, sondern die Erfindung einer Hierarchie von Fiktionen, einer Stufenleiter von Irrtümern. Wir hassen die Grenzen, die uns die »Wahrheit« setzt, die Zügel, die sie unseren Launen und unserer Jagd nach dem Neuen anlegt. Der Klassiker dagegen, der seine tiefschürfende Arbeit immer nur in einer einzigen Richtung verfolgt hat, mißtraute dem Neuen, der Originalität um ihrer selbst willen.

Wir wollen Spielraum um jeden Preis, müßte auch der Geist seine Gesetze, seine alten Ansprüche zum Opfer bringen. Und wenn wir trotz allem genötigt sind, einige Gewißheiten in der Hand zu behalten, so glauben wir nicht wirklich an sie: es sind nur simple Anhaltspunkte. Unseren Theorien ebenso wie unseren Haltungen verleiht erst unser Sarkasmus Leben. Dieser Sarkasmus, der an der Wurzel unserer Vitalität nagt, macht uns begreiflich, warum wir, abgetrennt von uns selbst, neben unseren Schritten einherlaufen. Jeder Klassizismus findet seine Gesetze in sich selbst und hält sich daran. Er lebt in einer Gegenwart ohne Geschichte. Wir dagegen leben in einer Geschichte, die uns daran hindert, eine Gegenwart zu haben, und so ist nicht nur unser Stil, sondern sogar unsere Zeit in Stücke zerbrochen. Die haben wir aber nicht zerbrechen können, ohne zugleich auch unser Denken zu zerbrechen. Unsere Gedanken, beständig im Kampf mit sich selbst, immer drauf und dran, einander zu entkräften, zerbröckeln wie unsere Zeit.

Wenn es eine Beziehung zwischen dem physiologischen Rhythmus und der Schreibweise eines Schriftstellers gibt, dann gibt es eine noch besser begründete zwischen seinem zeitbedingten Lebensraum und seinem Stil. Der klassische Schriftsteller war Bürger einer linearen, klar gegliederten Zeit, deren Grenzen er nicht überschritt: wie hätte er eine eruptive, holprige Schreibweise haben sollen? Er ging sparsam mit den Worten um, sie gehörten zu seinem Haushalt. Und diese Worte spiegelten für ihn die ewige Gegenwart, diese Zeit der Perfektion, die sein Eigentum war. Der moderne Schriftsteller dagegen hat keine Raststätte in der Zeit, er konnte nur einem konvulsivischen, epileptischen Stil Reiz abgewinnen. Wir mögen bedauern, daß es so ist, und mit Bitterkeit die Verwüstungen abschätzen, die das Niedertrampeln der Idole anrichtet. Dennoch ist es uns unmöglich, uns heute noch einer »idealen« Schreibweise zu befleißigen. Unser Mißtrauen gegen die »Phrasierung« umfaßt eine ganze Art von Literatur: jene, die den »charme« ausspielte und die Methoden der Verführung benutzte. Diejenigen Schriftsteller, die bei diesem Verfahren geblieben sind, machen uns verlegen, als wollten sie eine verjährte Welt verewigen.

Jede Vergötzung des Stils geht von dem Glauben aus, daß die Realität noch gehaltloser ist als ihre verbale Darstellung, daß das Zeichen für eine Idee mehr wert als die Idee ist, ein gut angeführter Vorwand mehr wert als eine Überzeugung, eine kunstvolle Wendung mehr wert als ein unüberlegter Ausbruch. Sie steht für die Passion eines Sophisten, des Sophisten der Literatur. Hinter einem gut gebauten Satz, wohlgefällig in seinem Gleichgewicht oder aufgebläht in seiner Klangfülle, verbirgt sich allzuoft das Leiden eines Geistes, der unfähig ist, auf dem Wege der *Sinnesempfindung* zu einer eigenständigen Welt zu gelangen. Staunt man also, wenn Stil gleichzeitig Maske und Geständnis ist? (DS 131-143)

Ich kann erklären, was meinen Stil gekünstelt macht. Er ist zu markant und zugleich zu ausgefeilt. Mein erster Wurf ist immer der beste, aber gewöhnlich ist er nicht klar, abgesehen von den reichlich vorhandenen Wiederholungen und Schrullen. Ein Ausländer sollte übrigens seinem »ersten Wurf« mißtrauen, denn er riskiert, dabei seine »Unwissenheiten« zur Schau zu stellen. Er kann letztlich nicht wirklich natürlich sein, da er in einer entlehnten, seiner Natur *fremden*, einer nachgeahmten, auferlegten Sprache schreibt. Entscheidend ist, daß er vergessen läßt, daß er sie erst spät erlernt hat. Das ist das einzige, was er in puncto *Natürlichkeit* erhoffen kann. (CA 169)

Ich verdanke ihm (Henri Bergson) zum Teil, daß der Stil mein Glaube und mein Aberglaube geworden ist. Ich verehre das 18. Jahrhundert, das Zeitalter der perfekten und toten Sprache. (GeBerg 19)

Stilmodelle: der Fluch, das Telegramm und der Grabspruch. (SB 10)

Was den Denker vom Schriftsteller unterscheidet: der Denker greift nur zur Feder, wenn er etwas zu sagen hat.

(Ich habe gerade eher einen Wunsch als eine Feststellung formuliert.) (Akzente 357)

Man kann Pascal nur auf französisch zitieren. Er ist der einzige Prosaist, der, selbst wenn er perfekt übersetzt wäre, seinen Akzent, seine Substanz, seine Einmaligkeit verliert, und zwar deshalb, weil die *Pensées* durch vieles Herunterleiern zu Gassenhauern, zu Gemeinplätzen gemacht worden sind. Beispiellosen, überwältigenden Gemeinplätzen. An Gemeinplätze aber kann man nicht rühren, seien sie nun brillant oder wertlos; man muß sie unangetastet, in ihrer ursprünglichen und abgedroschenen Form, ähnlich bis zum Überdruß wiederholten Geistesblitzen, auftischen. (G 155)

Ich würde gerne mit der Freiheit eines Saint-Simon schreiben, ohne mich um die Grammatik zu scheren, ohne abergläubisch an deren richtigem Gebrauch zu haften, voller Angst vor Sprachfehlern. Wenn man dem Stil etwas Lebendiges geben möchte, muß man sich immer wieder bis zum Inkorrekten vorwagen. Sich überwachen, verbessern heißt den Stil töten. Das Unglück, in einer entlehnten Sprache zu schreiben: man kann sich nicht den Luxus erlauben, sie durch eigene Fehler zu erneuern. (CA 64)

Wie viele Seiten, wie viele Bücher, waren einst für uns Erregungsquellen, und wenn wir sie heute wiederlesen, geschieht es nur, um darin die Qualität der Adverbien oder die treffende Wahl der Adjektive zu studieren! (SB 7)

Was beweist ein Text, der mit Zitaten gespickt ist? Bescheidenheit? Feigheit? Oder Kompetenz? Eher den Willen zu beweisen, daß das Thema einen nicht direkt betrifft. (CA 225)

Wie kann man sich am nächsten Tag über eine Idee auslassen, mit der man sich am Tag zuvor befaßt hat? – Nach jeder beliebigen Nacht ist man nicht mehr der gleiche, und es heißt betrügen, die Farce der Kontinuität zu spielen. – Das *Fragment* ist sicherlich ein enttäuschendes Genre, wiewohl das einzig ehrliche. (G 153)

Dem Fragment mißtrauen: man meint, sehr viel hineinzustecken, aber der Leser ist nicht gezwungen, die Mängel unseres Talentes zu ergänzen oder das angekündigte Schweigen bedeutungsträchtig zu finden. Ich erinnere mich an die schlechte Aufnahme, die meine *Syllogismen* erfahren haben – das war gerechtfertigt. Was für eine Idee, einige Maximen zu versammeln und ihnen einen pompösen Titel zu geben! All dies liest sich in einer Viertelstunde. Ich wollte den kleinen La Rochefoucauld spielen und wurde dafür bestraft. Die Kunst, sich keine Illusionen über sich selber zu machen, ist schwierig. Man lernt sie nie, zumal wenn man glaubt, man hätte es getan (wie es bei mir der Fall war). (CA 98)

Werke sterben; Bruchstücke können, da sie nicht gelebt haben, auch nicht sterben. (NG 132)

Mehr noch als im Gedicht ist das Wort im Aphorismus Gott. (G 153)

Ich habe mich dem Schreiben ausgeliefert, die Verantwortung trägt mein Müßiggang. Ich mußte ihn doch rechtfertigen, und was sollte ich sonst tun als schreiben? Das Fragment, einzige Gattung, die sich mit meinen Launen verträgt, stellt den Stolz eines verklärten Augenblicks dar mit allen Widersprüchen, die sich daraus ergeben. Ein langatmiges Werk, das sich den Zwängen der Konstruktion beugt und durch die Wahnidee der Kontinuität verfälscht wird, ist zu kohärent, um wahr zu sein. (GeJan 28 f.)

Klagen, Interjektionen, Brocken veröffentlichen ... löst jedermanns Befangenheit. Der Autor nimmt so im Verhältnis zum Leser eine unterlegene Position ein, und der Leser ist ihm dankbar dafür. (G 124)

Würde man mich bitten, so knapp wie möglich meine Sicht der Dinge zusammenzufassen, sie auf die bündigste Formel zu bringen, so würde ich an die Stelle der Worte ein endgültiges Ausrufungszeichen setzen. (ZF 111)

Geist blüht auf Lebenstrümmern. (GD 193)

Den Aphorismus kultivieren nur diejenigen, die das Bangen *inmitten* der Worte kennengelernt haben, jenes Bangen, mit *allen Worten* zusammen einzustürzen. (SB 10)

Unsere unterdrückten Gebete explodieren in Sarkasmen. (VS 114)

Ein Buch muß Wunden aufwühlen, sogar welche verursachen. Ein Buch muß eine *Gefahr* sein. (G 67)

Nur der Schriftsteller ohne Leser kann sich den Luxus leisten, aufrichtig zu sein. Er wendet sich an niemanden, höchstens an sich selber. (VS 112)

Ein Buch zu veröffentlichen bringt dieselben Komplikationen mit sich wie eine Hochzeit oder eine Beerdigung. (ZF 101)

Das Wort hilft der Unzulänglichkeit der Medikamente ab und heilt die Mehrzahl unserer Gebrechen. Ein Schwätzer sucht nicht oft die Apotheke auf. (ZF 115)

In diesem vorläufigen Universum haben unsere Axiome nur den Wert von *Kleinen Meldungen.* (SB 21)

Der Aphorismus? Ein Feuer ohne Flamme. Man versteht, daß niemand sich daran wärmen möchte. (NG 122)

Was reizte Sie am Aphorismus?

Der Aphorismus ist das einzige Medium, wo es möglich wird, sich der Stimmung hinzugeben. Wenn Sie einen Text schreiben, sagen wir ein Traktat, so sind Sie gezwungen, eine Linie zu entwickeln. (...) Dagegen ist der Aphorismus die ideale Form für jene, die nicht Herr ihrer selbst, also abhängig von ihren Stimmungen sind. (...) So launisch, wie ich von meinem Temperament her bin, bietet sich der Aphorismus als Möglichkeit an, wahr zu mir selbst zu sein und meiner Stimmung Ausdruck zu verleihen, ohne mich zu fragen, ob das stimmt, was ich vor einer Woche oder einem Jahr behauptet habe. Da wird nicht so getan, als gäbe es etwas Absolutes. Es gibt keine Kontinuität, sondern nur Zustände und widersprüchliche Konturen. Ich frage mich auch, warum ich ein Gedankensystem bauen soll. Man ist immer absolut das, was man schreibt. Morgen werde ich vielleicht das Gegenteil von heute denken. Die Stimmung ist das Absolute. Die Widersprüche, die in ein Buch eingehen, sind das Spiegelbild, statt Erfindung meines Selbst. Alles ist im Grunde wahr, was mit Gefühlen zu tun hat. Darauf paßt kein System. Der Zusammenhang ist unwichtig, auch professoral. (Ge Jo)

Ich sagte neulich einem Freund, daß ich auf das Schreiben, obwohl ich nicht mehr daran glaube, nicht verzichten möchte, daß Arbeit eine vertretbare Illusion sei und daß ich, wenn ich eine Seite oder nur einen Satz gekritzelt habe, immer Lust bekomme, loszupfeifen. (ZF 19)

Ich frage mich, was aus mir geworden wäre, ohne die Fähigkeit, Sätze anzuhäufen. Schreiben heißt, sich von seinen Gewissensbissen und Gehässigkeiten zu befreien, die eigenen Geheimnisse auszuspeien. Der Schriftsteller ist ein Geistesgestörter, der von jenen Fiktionen, die die Worte sind, Gebrauch macht, um zu genesen. Wieviel Mißbehagen, wie viele sinistre Anfälle habe ich dank dieser substanzlosen Heilmittel überwunden! (KCA 135 f.)

Man schreibt nicht, weil man etwas zu sagen hat, sondern weil man *Lust* hat, etwas zu sagen. (G 73)

Philosophie – Antiphilosophie

»Se moquer de la philosophie, c'est vraiment philosopher.« (Zu deutsch etwa: Über die Philosophie zu spotten heißt wahrhaft philosophieren.) *In dieser Aussage (oder Aufforderung) Blaise Pascals spricht sich auch Ciorans Haltung zur Philosophie und zum Philosophieren aus; denn seine Philosopheme sind zumeist von einem traditionsskeptischen »Anti« bestimmt. Das verbindet ihn neben einer teilweise vergleichbaren Sozialisation (die Väter waren Kirchenmänner), der Vorliebe für die diskontinuierliche aphoristische Form, der Abneigung gegen nüchtern-präzise Gedanken und den Vorbehalten gegen das philosophische System mit Nietzsche. Davor, diese Ähnlichkeit zu betonen, warnte nicht zuletzt Cioran selber, der im Unterschied zu Nietzsche kein idealistisches Programm eines ›Übermenschen‹ entwickelte, vitaleren Humor besaß und letztlich auch den Umgang mit seiner monotheistischen Herkunft produktiver zu gestalten verstand. So dürfte der Einfluß der antiken Skeptiker, der Stoa, Epiktets und Marc Aurels sowie nicht zuletzt der Moralisten größer gewesen sein als der des ›Philosophen mit dem Hammer‹. Cioran verkörperte auf seine spezifische Weise den Typus des Existentialisten, der, anders als Heidegger oder Sartre, diese philosophische Position nicht systematisch zu begründen, sondern zu leben versuchte. Dieser lebensnahe Bezug förderte auch seine Skepsis gegenüber dem philosophischen Jargon, wie ihn verbeamtete Denker nicht selten kultivieren. Cioran verstand sich als ›Gelegenheitsdenker‹, der sich in seinem Reflektieren dem sogenannten Zufall überließ, sich Stimmungen hingab – keine geringe Anstößigkeit für auf Ordnung und Struktur bedachte Geister – und sich so Bereichen und Zuständen näherte, die sich dem begrifflich aufbereiteten Denken entziehen. Als eine Art ›Erleb-*

nisphilosoph‹ verstand es Cioran, auf persönliche Weise zu philosophieren und dadurch seine Leser dazu anzuregen, auf ihre Weise das Ihrige zu tun.

Wieviel tausend Nervenzellen kostet jeder Gedanke? Das ist die allererste Frage, die ein lebendiger Denker sich stellen müßte. (GV 154)

Man sollte philosophieren, als ob es die »Philosophie« nicht gäbe, wie ein von einer Reihe der Katastrophen, die vor unseren Augen defilieren, verschreckter Troglodyt. (VS 125)

Solange man noch jung ist, versucht man sich in der Philosophie und sucht darin weniger eine Geistesschau als ein Stimulans; man ereifert sich für die Ideen, man errät das Delirium, das sie hervorgebracht hat, man träumt davon, es nachzumachen und es zu übersteigern. Die Jugend gefällt sich in der Gaukelei der Höhen; bei einem Denker liebt sie den Seiltänzer; in Nietzsche liebten wir Zarathustra, seine Posen, seine mystische Clownerie, wahrhaftig ein *Gipfeljahrmarkt* ...

Seine Vergötzung der Kraft entspringt weniger einem evolutionistischen Snobismus als einer inneren Spannung, die er nach außen projiziert hat, einer Trunkenheit, die die Zukunft vorausdeutet und sie akzeptiert. Ein falsches Bild des Lebens und der Geschichte mußte sich daraus ergeben. Aber man mußte da hindurchgehen, durch diese philosophische Orgie, durch den Kult der Vitalität. Diejenigen, die sich dem verweigert haben, werden niemals den Rückstoß, den Gegenschlag, die Grimassen dieses Kultes kennen; sie werden den Quellen der Enttäuschung verschlossen bleiben.

Wir haben mit Nietzsche an den ewigen Bestand der Rauschzustände geglaubt; dank der Reife unseres Zynismus sind wir weiter gegangen als er. Die Idee des Übermenschen erscheint uns nur noch als ein Hirngespinst; sie erschien uns ebenso exakt wie eine Gegebenheit der Erfahrung. So entschwindet der Verführer unserer Jugend. Aber *wer* von ihm – da er mehrere war – bleibt noch bestehen? Es ist der Kenner der Verfallserscheinungen, der *Psychologe*, der aggressive Psychologe, der nicht nur Beobachter war wie die Moralisten. Er forscht als Feind und schafft sich Feinde. Aber seine Feinde zieht er aus sich selbst hervor wie die Laster, die er aufdeckt. Ereifert er sich gegen die Schwachen? Dann betreibt er Innenschau; und wenn er die De kadenz angreift, dann beschreibt er seinen eigenen Zustand. Alle seine Haßgefühle richten sich indirekt gegen ihn selbst. Seine eigenen Mängel stellt er im Idealzustand an den Pranger; wenn er sich selbst verabscheut, hat darunter das Christentum oder der Sozialismus zu leiden. Seine Diagnose des Nihilismus ist unwiderleglich: weil er nämlich selbst Nihilist ist, was er auch eingesteht. Dieser in seine Gegner verliebte Pamphletist hätte *sich* nicht ertragen können, wenn er nicht mit sich, gegen sich gekämpft hätte, wenn er nicht seine eigenen Miseren woandershin, in die anderen, ausgelagert hätte: er hat sich an ihnen für das gerächt, was er selbst war. Da er die Psychologie wie ein Held ausgeübt hat, bietet er den leidenschaftlichen Liebhabern des Unentwirrbaren eine Vielfalt von Sackgassen.

Wir messen seine Fruchtbarkeit an den Möglichkeiten, die er uns bietet, ihn beständig zu verleugnen, ohne ihn zu erschöpfen. Dieser Nomadengeist versteht sich darauf, seine Gleichgewichtsstörungen abzuwandeln. In allen Dingen hat er das Für und Wider vertreten: dies ist das Verfahren derer, die sich dem spekulativen Denken widmen, weil sie keine Tragödien schreiben können, die es ihnen ermöglicht hätten, sich in vielfältige Schicksale aufzuteilen. Immerhin hat Nietzsche, indem er seine Hysterien ausbreitete, uns davor bewahrt, daß wir uns der unsrigen schämen; seine Miseren waren für uns heilsam. Er hat das *Zeitalter der Komplexe* eröffnet. (SB 26f.)

Ich möchte ein Wort zu Nietzsche sagen. Nietzsche hatte in meiner Jugend auf mich einen großen Einfluß. Jetzt fühle ich mich sehr fern von ihm. Warum? Weil er seine Theorien konstruierte. Er hat ein Ideal, eine Idee vom Menschen, von den Werten *en fonction de* – wie die Franzosen sagen – in Abhängigkeit von dieser Vision geschrieben, gefaßt, elaboriert. Und so bekam ich den Eindruck, daß alles etwas falsch ist. Als Prophet und sogar als Analytiker – auch wenn er Analytiker ist, ist er noch Prophet – wollte er unbedingt etwas »bringen«, etwas schaffen, eine Rolle in der Kultur spielen usw. Und stellen Sie sich vor: Jetzt kann ich mit Vergnügen nur seine Briefe noch lesen, denn in seinen Briefen ist er das Gegenteil von dem, was er in seinen Schriften ist. In seinen Briefen sieht man, wie er war: ein armseliger Kerl. (...) Für mich ist Nietzsche in den Briefen, dort ist Nietzsche er selbst. Deswegen habe ich mich von sehr vielem seines Werkes abgewandt. Er hat sich selbst eine Weltanschauung auferlegt. Nicht mehr frei von seinen Ideen und Zwecken, wurde er ganz abhängig, Sklave seiner Ideen. Für mich ist er kein freier Mensch gewesen, in seinen Büchern wenigstens nicht. (Cafard 43f.)

Ein Student wollte wissen, wie ich zum Verfasser des *Zarathustra* stünde. Ich antwortete, daß ich seit langem den Umgang mit ihm aufgegeben hätte. Warum? fragte er mich. – Weil ich ihn zu *naiv* finde ...

Ich werfe ihm seine Hingerissenheit vor und sogar seine Momente der Inbrunst. Er hat die Idole nur gestürzt, um sie durch andere zu ersetzen. Ein falscher Ikonoklast mit Zügen eines Halbwüchsigen, mit einer jüngferlichen Art, einer Unschuld, die seiner Einsamkeit innewohnen. Er hat die Menschen nur von ferne beobachtet. Hätte er sie aus der Nähe betrachtet, so hätte er niemals den Übermenschen aushecken noch preisen können, eine possenhafte, lächerliche, wenn nicht gar groteske Vision, die nur in einem Geist entstehen konnte, der nicht die Zeit hatte, zu altern, den langen, abgeklärten Ekel kennenzulernen.

Sehr viel näher ist mir Marc Aurel. Ich zögere keinen Augenblick zwischen der Lyrik des Frenetischen und der Prosa der Hinnahme; ich finde mehr Trost und sogar mehr Hoffnung bei einem müden Kaiser als bei einem Philosophen unter Blitz und Donner. (NG 71 f.)

Aristoteles, Thomas von Aquin, Hegel – drei Knechter des Geistes. Die ärgste Form des Despotismus ist das *System*, in der Philosophie und in allem. (NG 96)

Wozu soll es gut sein, etwa bei Nietzsche einen Anschein von Zusammenhang zu finden, unter dem Vorwand, sein Denken drehe sich um ein zentrales Motiv? Nietzsche bietet eine Summe vielfältiger Haltungen, und es hieße ihn erniedrigen, wollte man ihm einen Willen zur Ordnung unterstellen, ein Streben nach Einheit. In seinen Launen befangen, hat er deren Wandlungen registriert. Seine Philosophie ist Meditation über seine sprunghaften Einfälle, und die Gelehrten haben unrecht, wenn sie Konstanten herausklären wollen, die sie verweigert. (DS 165)

Was mich bei der Mehrheit der Philosophen, mit denen ich in Berührung kommen konnte, am meisten erstaunte, waren ihre falschen Urteile. Immer daneben. Eine bemerkenswerte Unfähigkeit, richtig zu treffen. – Die Gewohnheit der Abstraktion verdirbt den Geist. (G 90)

Mit dem Aufkommen des Christentums hörte der Weise auf, ein Vorbild zu sein; man beginnt an seiner Stelle den Heiligen zu verehren, eine verzerrte und gerade dadurch den Massen zugänglichere Spielart des Weisen. Trotz seiner Verbreitung und seines Prestiges blieb der Stoizismus den wählerischen Kreisen vorbehalten, die Ethik der Patrizier. Als sie ausgestorben waren, sollte er seinerseits aussterben. Der Kult der Weisheit verschwand für lange Zeit, man könnte fast sagen: für immer. Jedenfalls begegnet man ihm in den modernen Systemen nicht wieder, die alle weniger von einem Anti-Weisen als von einem *Nicht-Weisen* entworfen wurden. (G 139 f.)

Die zwei größten Weisen der ausgehenden Antike: Epiktet und Marc Aurel, ein Sklave und ein Kaiser. (CA 18)

Diejenigen, die jenem Philosophen vorgeworfen haben, seinen Namen unter widersprüchliche Protesterklärungen zu setzen, gleichzeitig oder nacheinander für einander widerstreitende Parteien, Armeen oder Thesen zu unterschreiben, ohne seine eigenen Wahlmöglichkeiten zu berücksichtigen, haben vergessen, daß Philosophie genau das sein sollte. Denn was nützt es, sich ihr zu widmen, wenn man sich nicht den Argumenten der anderen zuwendet? Es ist zweifelhaft, daß von zwei sich bekämpfenden Gegnern ein einziger recht hat. Wenn man sie abwechselnd anhört, zollt man, falls man gutgläubig ist, den Wahrheiten jedes der beiden Respekt – auf die Gefahr hin, für eine Wetterfahne zu gelten, kurz gesagt: *zu sehr* Philosoph zu sein. (G 133)

Sobald man sich sogenannt philosophische Fragen stellt und den unvermeidlichen Jargon gebraucht, zieht man eine überlegene, aggressive Miene, und das in einem Bereich, in welchem, da die Unlösbarkeit die Regel ist, die Demut es gleichfalls sein sollte. Diese Anomalie ist nur scheinbar. Je gewaltiger die Fragen, an die man sich heranmacht, desto eher wird man den Kopf verlieren; am Ende gar schreibt man sich selber die Dimensionen zu, die jene Fragen besitzen. Wenn der Hochmut der Theologen noch ärger stinkt als derjenige der Philosophen, so deshalb, weil man sich nicht ungestraft mit Gott beschäftigt; es kommt soweit, daß man sich unversehens einige seiner Attribute beimißt, wohlverstanden die ärgsten. (NG 134)

Meinungen ja, Überzeugungen nein. Das bildet den Ausgangspunkt des intellektuellen Stolzes. (ZF 119)

Man lehrt Philosophie nur auf der Agora, in einem Garten oder bei sich zu Hause. Das Katheder ist das Grab des Philosophen, der Tod allen lebendigen Denkens. Das Katheder ist der Geist in Trauer. (NG 146)

Wird ein philosophischer Text in die gewöhnliche Sprache übertragen, so entleert er sich auf sonderbare Weise. Jeder sollte eigentlich dieser Prüfung unterworfen werden. Die Faszination, die die Sprache ausübt, erklärt meiner Meinung nach den Erfolg Heideggers. Er ist ein Manipulator ohnegleichen; sein Verbalgenie ist außergewöhnlich, aber er treibt es zu weit, er räumt der Sprache eine schwindelerregende Bedeutung ein. Gerade diese Maßlosigkeit erweckte meine Zweifel, als ich 1932 »Sein und Zeit« las. Die Nichtigkeit einer solchen Übung sprang mir in die Augen. Ich hatte den Eindruck, man wolle mich täuschen mit all den Worten. Eigentlich sollte ich Heidegger dankbar sein, daß er mir durch seine ungeheure verbale Erfindungsgabe die Augen geöffnet hat. Ich habe eingesehen, was um jeden Preis zu vermeiden ist. (GeJan 6 f.)

Sartre ist es gelungen, einen guten Heidegger, aber nicht einen guten Céline abzugeben. Die philosophische Nachahmung ist einfacher als die literarische. Dieser Ehrgeizige, der meinte, es genüge zu *wollen,* um Talent zu haben. Es ist ihm nicht einmal gelungen, den Anschein von »Tiefe« zu vermitteln: was für jeden Philosophen, der sich an der Literatur vergreift, sehr einfach ist. (CA 155)

Den Denkern mißtrauen, deren Geist nur mit einem Zitat zu funktionieren beginnt. (ZF 110)

Chinesisches Sprichwort: »Wenn ein einziger Hund anfängt, einen Schatten anzubellen, machen zehntausend Hunde daraus eine Wirklichkeit.«

Das sollte man jedem Kommentar über Ideologien als Motto voranstellen. (G 165)

Warum sich über das verbreiten, was jeden Kommentar ausschließt? Ein gedeuteter Text ist kein Text mehr. Man lebt mit einer Idee, man zergliedert sie nicht; man kämpft mit ihr, man schildert nicht ihre Etappen. Die Geschichte der Philosophie ist die Verneinung der Philosophie. (NG 121)

Der Gelegenheitsdenker

Ich lebe in der Erwartung der *Idee*; ich erahne sie, kreise sie ein, greife zu und – kann sie nicht fassen, sie entgleitet mir, sie gehört mir noch nicht: sollte ich sie etwa inmitten meines Nichtzugegenseins ersonnen haben? Verworren stand sie bevor – wie soll ich sie nun gegenwärtig und leuchtend machen inmitten der deutlichen Agonie des Ausdrucks? Welchen Zustand muß ich herbeisehnen, damit sie aufblühe – und verwelke?

Als Gegner der Philosophie verabscheue ich jede *indifferente* Idee: ich bin nicht immer traurig, also denke ich nicht immer. *Betrachte* ich die Ideen, so erscheinen sie mir noch nutzloser als die Dinge; daher habe ich auch seit jeher nur die Elukubrationen der Schwerkranken geliebt, die Grübeleien der Schlaflosigkeit, das Aufblitzen unheilbarer Ängste, die durchseufzten Zweifel. Die Summe des Helldunkels, das sie in sich birgt, ist der einzige Gradmesser für die Tiefe einer Idee, wie die Verzweiflung, die in ihrer Verspieltheit mitklingt, der Gradmesser ihrer Faszination ist. »Auf wieviel durchwachte Nächte kannst du zurückblikken?« – mit dieser Frage sollten wir an jeden Denker herantreten. Derjenige, der nur denkt, *wenn er will*, hat uns nichts zu sagen: über, oder vielmehr *neben* seinem Gedanken stehend, ist er für diesen nicht *verantwortlich*, braucht er kaum für ihn einzustehen, gewinnt oder verliert er nichts, wenn er sich in einen Kampf wagt, in dem er nicht sein eigener Gegner ist. Es kostet ihn nichts, an die Wahrheit zu glauben.

Anders verhält es sich bei einem Geist, für den der Aberglaube an *Wahr* oder *Falsch* nicht mehr besteht. Er hat mit sämtlichen Kriterien aufgeräumt und *stellt nur sich selber fest,* wie Sieche und Dichter es tun. Sein Denken ist dem Zufall überlassen: die Herrlichkeit eines Unbehagens oder eines Deliriums genügen ihm. Ist eine Verdauungsstörung nicht ideenreicher als ein Aufmarsch von Begriffen? Organische Störungen bestimmen die Ergiebigkeit des Geistes: wer seinen Körper nicht *fühlt*, wird niemals einen Gedanken, der Leben hat, zustande bringen; umsonst wird er darauf warten, daß irgendeine förderliche Unannehmlichkeit ihn überrascht …

Wenn das Gemüt nicht beteiligt ist, treten allmählich die Ideen hervor – ohne jedoch festere Gestalt annehmen zu können: erst die Traurigkeit schafft das Klima, in dem sie aufblühen. Sie bedürfen einer besonderen Tönung, einer besonderen Farbe, um in Schwingung zu kommen und aufzuleuchten. Lange unproduktiv sein heißt: den Ideen auflauern und sie herbeiwünschen, ohne sie durch eine Formel gefährden zu können. Die »Jahreszeiten« des Geistes sind durch einen Rhythmus der Organfunktionen bedingt; nicht von »mir« hängt es ab, ob ich naiv oder zynisch bin: *meine Wahrheiten sind die Trugschlüsse meines Hochgefühls oder meiner Niedergeschlagenheit.* Ich existiere, ich fühle und ich denke, wie der Augenblick es will – und gegen meinen Willen. Die *Zeit* formt mich; vergebens setzte ich mich zur Wehr – *ich bin.* Meine von mir nicht herbeigewünschte Gegenwart entfaltet sich, entfaltet *mich.* Ich kann sie nicht kommandieren, also kommentiere ich sie; ein Sklave meiner Gedanken, spiele ich mit ihnen – wie ein Hofnarr des Schicksals … (LZ 121 f.)

Denken heißt der Unsicherheit nachlaufen, *sich* wegen großartiger Kleinigkeiten *aufregen*, sich mit der Begierde eines Märtyrers in Abstraktionen einschließen, auf Komplikationen aus sein wie andere auf Verlust oder Gewinn. Der Denker ist per definitionem *qualsüchtig.* (G 147)

Diese Gedanken, die das All überfliegen und sich plötzlich an den Wänden des Schädels stoßen … (SB 85)

Unsere Schwankungen geben Zeugnis von unserer Rechtschaffenheit; unsere Sicherheiten von unserer Heuchelei. Die Unehrlichkeit eines Denkers erkennt man an der Summe *präziser* Gedanken, die er vorbringt. (SB 21)

Wir sollten nur über Erlebnisse und Visionen sprechen, nie über Ideen, denn sie gehen nicht aus unserem Inneren hervor und gehören nie wirklich *uns*. (ZF 49)

Nach Louis de Broglie besteht eine Affinität zwischen dem »faire de l'esprit« und den wissenschaftlichen Entdeckungen. »Esprit« meint hier die Fähigkeit, »plötzlich unerwartete Zusammenhänge herzustellen«. Wenn dem so ist, wären die Deutschen nicht imstande, auf dem Gebiet der Wissenschaft irgend etwas Neues zu entdecken. Schon Swift wunderte sich darüber, daß ein eher schwerfälliges Volk eine so große Anzahl von Entdeckungen für sich verbuchen konnte. Aber die Entdeckung setzt nicht so sehr Gewandtheit voraus als vielmehr Ausdauer, Fähigkeit zu bohren, zu wühlen, sich zu versteifen … Der Funke entspringt aus der Hartnäckigkeit. – Nichts ist für den langwierig, den die Manie des Sichvertiefens mit sich reißt. Unempfänglich für die Langeweile, wird er sich endlos über irgend etwas verbreiten – als Schriftsteller, ohne seine Leser zu schonen, als Philosoph, ohne sie überhaupt in Betracht zu ziehen. (ZF 102)

In keinem einzigen Geschwätz über das Erkennen, in keiner *Erkenntnistheorie*, an der sich die Philosophen, deutsche oder nicht, berauschen, stoßen wir auf die geringste Huldigung der *Ermattung*, des Zustands, der am geeignetsten ist, uns in das Innere der Dinge eindringen zu lassen. Diese Unterlassung oder Undankbarkeit bringt die Philosophie endgültig in Mißkredit. (ZF 51)

Zwischen Epikurismus und Stoizismus, für welchen sich entscheiden? Ich pendele von einem zum anderen und bin meistens beiden gleichzeitig treu – das ist meine Art, mir die Maximen anzueignen, die die Antike bevorzugte, vor der Invasion der Dogmen. (ZF 133)

In der Antike waren die »Bücher« so teuer, daß man sie nicht anhäufen konnte, wenn man nicht König, Tyrann oder ... Aristoteles war, der als erster eine dieses Namens würdige Bibliothek besessen hat.

Noch ein Argument gegen diesen in so vieler Hinsicht unheilvollen Philosophen. (NG 84)

N. N., der sein Leben lang mit Begriffen jongliert und mit Ausdrücken ohne konkreten Bezug Mißbrauch getrieben hat, anstatt den Dingen ins Gesicht zu sehen, ist jetzt, da er seinem eigenen Tod ins Auge sehen muß, in äußerster Bedrängnis. Zu seinem Glück ergeht er sich wie gewöhnlich in Abstraktionen, in durch den Jargon zur Wirkung gebrachten Gemeinplätzen. Ein bestechendes Manöver, das ist die Philosophie. Aber letzten Endes *ist alles ein Trick*, ausgenommen diese Behauptung selbst, die zu einer Art von Sätzen gehört, die man nicht in Frage zu stellen wagt, weil sie von einer nicht nachprüfbaren Gewißheit herrühren und gleichsam der Karriere des Gehirns *vorhergehen.* (G 142)

Jede Utopie, die ihrer Verwirklichung entgegengeht, ähnelt einem zynischen Traum. (G 167)

Ein Philosoph des vorigen Jahrhunderts war so naiv zu behaupten, daß La Rochefoucauld für die vergangene Zeit recht hatte, aber die Zukunft ihn Lügen strafen würde. Die Idee des Fortschritts entehrt die Intelligenz. (NG 107)

Borges behauptet mit Recht, daß Pascal sich weniger für Gott interessiert als für die Widerlegung derer, die ihn leugnen.

Im Grunde besaß Pascal ein polemisches Temperament. Sein ganzes Werk ist ein mehr oder weniger verschleierter Angriff. (Darum gefällt es mir so.) (Akzente 355)

Die Wahrheit? Sie ist in Shakespeare. Ein Philosoph könnte sie sich nicht aneignen, ohne mit seinem System zu zerplatzen. (SB 85)

Es kann vorkommen, daß ich zum selben Thema, zum selben Ereignis im Lauf eines Tages zehn-, zwanzig-, dreißigmal meine Meinung wechsle. Wenn ich denke, daß ich jedesmal wie ein Schwindler das Wort »Wahrheit« auszusprechen wage! (NG 59)

»Was ist die Wahrheit?« ist eine grundlegende Frage. Aber was ist sie neben »Wie kann man das Leben ertragen?« Und sogar diese verblaßt im Vergleich zu jener anderen: »Wie kann man *sich* ertragen?« – Das ist die entscheidendste Frage, auf die uns eine Antwort zu geben niemand imstande ist. (G 132)

Wahrhaft erkennen heißt: das *Wesentliche* erkennen, sich ihm verpflichtet fühlen, in seinen Kern eindringen, weder durch Analyse noch durch Sprache, sondern durch den schauenden Blick. (AZ 20)

Die Dinge, die von uns abhängen, und jene, die nicht von uns abhängen. – Wie soll man eine Unterscheidung treffen? Ich weiß nicht.

Manchmal fühle ich mich für alles verantwortlich, was ich tue, während ich, wenn ich genau darüber nachdenke, einem Antrieb gefolgt bin, dessen ich nicht Herr war; – andere Male halte ich mich für manipuliert und beherrscht, und dabei habe ich mich nur entsprechend einer Überlegung verhalten, die außerhalb jeden, sogar ... rationalen Zwanges angestellt wurde.

Unmöglich zu sagen, wann und wie man frei ist, wann und wie man dirigiert wird. Wenn man sich jedesmal genau beobachten wollte, um die genaue Beschaffenheit einer Handlung zu identifizieren, würde man eher beim Taumel als bei einem Ergebnis anlangen. Man wird daraus folgern, daß die Philosophie, gäbe es eine Lösung des Problems der Willensfreiheit, keinerlei Daseinsberechtigung hätte.

(G 140f.)

Reflektieren heißt feststellen, daß alles unmöglich ist. Meditieren heißt dieser Feststellung einen Adelstitel verleihen.

(G 156)

Das Wort, das mir am häufigsten in den Sinn kommt, wenn ich zu Hause oder draußen bin: Täuschung. Dieses Wort resümiert für sich allein meine gesamte »Philosophie«. (CA 81)

Ich habe nie erfahren können, was *Sein* heißt, außer gelegentlich in höchst unphilosophischen Momenten. (G 157)

Das Nichts – die Leere

In Paris, der *Metropole des Westens, setzte sich Cioran zeit seines Lebens aufgrund seiner östlichen Wurzeln und Prägungen intensiv mit der wohl ›westlichsten‹ und strukturiertesten Sprache und Kultur auseinander. Deshalb vermag er als eine Art Vermittler für die Denkweisen und Philosophien des Fernen Ostens zu fungieren und sie – aus seiner Nähe und seinem Abstand zum Westen heraus – zumindest ansatzweise erschließen zu helfen. Denn so wie die europäische Mathematik der indischen die Null verdankt, so können die westlichen Philosophien, Logiken und Systeme von den fernöstlichen Denkübungen der* Leere *und des* Nichts *(die selbst die Fundamente der nihilistischen Existentialisten in Frage stellen) bereichert werden. Der ehemalige Bukarester Logikstudent Cioran hat sich noch während seiner rumänische Phase mit den Vertretern des Vor- und Außerlogischen, den Mystikern vieler Religionen, Zeiten und Weltgegenden befaßt und versucht, deren Wege vom* Nichts-ist *zum* Alles-ist *nachzuerleben. Das Anregende seiner diesbezüglichen Äußerungen besteht dabei weniger in einer Aufforderung, das* Nichts *zu reflektieren, als vielmehr darin, die Wirkungen der* Leere *zumindest ansatzweise zu erfahren.*

Feststellen, daß allem die Grundlage fehlt, und nicht ein Ende machen, diese Inkonsequenz ist keine: im äußersten ist die Wahrnehmung der Leere mit der Wahrnehmung des Ganzen gleich, mit dem *Eingehen* ins Ganze. Man beginnt endlich zu *sehen,* man tastet nicht mehr ziellos, man beruhigt sich, man erlangt Festigkeit. Wenn es eine Chance des Heils außerhalb des Glaubens gibt, sollte man sie in der Fähigkeit suchen, sich am Kontakt der Irrealität *anzureichern.*

Und wenn die Erfahrung der Leere nur ein Trug wäre, sie verdiente dennoch, gemacht zu werden. Was diese Erfahrung sich vornimmt, was sie versucht, ist, das Leben und den Tod aufs Nichts zurückzuführen, und das mit dem einzigen Ziel, sie uns erträglich zu machen. Gelingt es ihr manchmal – was mehr können wir wünschen? Ohne sie keine Remedur gegen die Krankheit des Seins, keine Hoffnung, auch nur für kurze Augenblicke die Süße der Ungeborenheit, das Licht des reinen Vorher wiederzufinden. (VS 86 f.)

Das Nichts hat tausend Vorstellungsinhalte, aber nur ein einziges Wort, um sie zu bezeichnen: die Dürftigkeit der Rede macht die Welt verständlich ... (DS 167)

In der Predigt zu Benares führt Buddha unter den Ursachen des Schmerzes den Durst nach Werden und den Durst nach Nicht-Werden an. Den ersteren Durst versteht man, aber warum der letztere? Heißt dem Nicht-Werden nachjagen nicht sich befreien? Worauf hier abgezielt wird, ist nicht das Ziel, sondern das Laufen als solches, die Suche und das Festhalten an der Suche. – Unglücklicherweise ist an dem Weg der Befreiung nur der Weg *interessant*. Befreiung? Man erreicht nichts dabei, man stürzt, man erstickt dabei. Das Nirvâna selbst – ein Ersticken! Das allersanfteste immerhin. (G 111 f.)

Die Leere ermöglicht uns, die Idee des Seins zu ruinieren; sie selber ist aber nicht in diesen Ruin mitgerissen; sie überlebt einen Angriff, der für jede andere Idee selbstzerstörend wäre. (VS 75)

Für den Buddhismus (für den Orient überhaupt) beinhaltet das Nichts keineswegs die etwas düstere Bedeutung, die wir ihm beimessen. Es geht in eine Grenzerfahrung von Licht über oder, wenn man so will, in einen Zustand immerwährender lichtvoller Abwesenheit, strahlender Leere; es ist das Sein, das sich von seinen Eigenschaften befreit hat, oder eher ein im letzten positives Nicht-Sein, das ein inhaltsloses, substratloses Glück austeilt, ohne jede Dekkung, in welcher Welt auch immer. (ZF 8)

Ich denke an C., für den das Kaffeetrinken der einzige Grund zu existieren war. Als ich eines Tages mit tremolierender Stimme den Buddhismus überschwenglich lobte, antwortete er mir: »Das Nirwana ja, aber nicht ohne Kaffee!«

Wir alle besitzen irgendeine Manie, die uns daran hindert, ohne Einschränkung dem *letzten* Glück zuzustimmen. (ZF 51)

Handeln heißt: sich auf Kosten des Seins an Besonderheiten des Seins klammern, zum Schaden der Realität eine Form von Realität festhalten. Der Grad von Freiheit, den wir erringen, bemißt sich nach der Anzahl der Verpflichtungen, aus denen wir uns gelöst haben, ebenso wie nach unserer Fähigkeit, jeden Gegenstand in einen Nichtgegenstand umzuwandeln. (DS 14)

Alles planscht im Nichts. Und das Nichts in sich selbst. (GD 159)

Gott durch das Nichts und das Nichts durch Gott zu entdecken, ist zweierlei. (GD 162)

Ist Gott nicht *Ich*zustand des Nichts? (GD 157)

Ohne Gott ist alles nicht; und Gott? Höchstes Nichts. (SB 45)

Jedermann täuscht sich, jedermann lebt in der Illusion. Man kann bestenfalls eine Rangordnung der Fiktionen, eine Hierarchie der Irrealitäten gelten lassen und der einen lieber als der anderen den Vorzug geben, aber *wählen*, nein, wahrhaftig nicht. (G 153)

Bach in seinem Grab. Ich habe ihn also gesehen dank einer jener Indiskretionen, die Totengräber und Journalisten gewöhnlich begehen. Seitdem denke ich ohne Unterlaß an seine Augenhöhlen, die nichts Originelles haben, außer daß sie das Nichts verkünden, das er geleugnet hat. (ZF 143)

Weil er das Wort »Rien« (Nichts Besonderes) in sein Tagebuch eingetragen hat am ersten Tag der Revolution, der den Anfang seines Niedergangs bezeichnen sollte, ist Ludwig XVI. seit zwei Jahrhunderten für schwachsinnig erklärt worden. In diesem Sinne sind wir alle Schwachsinnige: wer von uns kann sich brüsten, den exakten Beginn des eigenen Verderbens durchschaut zu haben? (ZF 118)

Wenn man begriffen hat, daß nichts ist, daß die Dinge nicht einmal den Status des Anscheins verdienen, so hat man nicht mehr nötig, gerettet zu werden, man ist *auf alle Zeit* gerettet und unglücklich. (VS 61)

Nichts zählt: eine große Entdeckung, wenn es je eine gab, und die niemand zu nutzen verstand. Dieser angeblich bedrückenden Entdeckung kann nur die Leere, deren Losung sie ist, eine begeisterte Wendung geben, nur sie befaßt sich damit, das Negative in Positives und das Unheilbare in Mögliches zu verwandeln. Daß es kein »Selbst« gibt, wissen wir, aber dieses Wissen ist mit Hintergedanken belastet. Zum Glück ist die Leere da, und wenn das »Selbst« untergeht, tritt sie an seine Stelle, an die Stelle von allem, erfüllt und übertrifft unsere Erwartungen, bringt uns die Gewißheit des Nicht-Seins. Die Leere, das ist der Abgrund *ohne Schwindelgefühl.*

Aus Instinkt neigen wir zum »Selbst«, alles in uns fordert es: es befriedigt unser Bedürfnis nach Kontinuität, nach Festigkeit, es verleiht uns, jedem Augenschein zum Trotz, eine zeitlose Dimension: nichts ist normaler, als uns daran zu heften, sogar wenn wir es in Frage stellen und wenn wir den Betrug denunzieren: das »Selbst« ist der *Reflex* alles Lebenden ...

Dennoch scheint es uns unfaßbar, sobald wir es kühl ins Auge fassen: es zerbröselt, es verschwindet, es ist nur noch das Symbol einer Fiktion.

Unsere erste Regung treibt uns zum Rausch der Identität, zum Traum des Ununterschiedenen, zum *Atman*, der die Antwort auf unseren tiefsten und geheimsten Ruf ist. Sobald wir ernüchtert Distanz nehmen, opfern wir die *vorgegebene* Grundlage unseres Wesens, um uns der grundlegenden Zerstörbarkeit zuzuwenden, deren Kenntnis, Erfahrung und wohlgeregelte Besessenheit uns zum Nirwana führt, zur *Fülle* in der Leere. (VS 78 f.)

Höchstens die Wahrnehmung der Leere gestattet es, über den Tod zu triumphieren. Denn wenn alles der Wirklichkeit entbehrt, warum sollte er damit versehen sein? (G 153)

Wenn man die Leerheit durchschaut und dem *sûnyatâ* mal ostentativ, mal heimlich Verehrung entgegengebracht hat, kann man sich nicht in die Abhängigkeit eines armseligen, fleischgewordenen, personalen Gottes begeben. Andererseits kompromittiert das Entbehren einer jeden Gegenwart, einer jeden menschlichen Verseuchung, aus dem selbst die Idee eines Ichs gebannt ist, die Möglichkeit irgendeines Kultes, da diesem notgedrungen ein Hauch individueller Vorherrschaft anhaftet. Denn, nach einem Hymnus des Mahayana: »Wenn alle Dinge leer sind, wer wird gepriesen und von wem?« (ZF 80f.)

Die Unmengen an Leere, die ich angesammelt habe, ohne dennoch meinen Status als Individuum preisgegeben zu haben. Ein Wunder, unter der Last von so viel Unexistenz nicht zusammengebrochen zu sein! (ZF 141)

(Über die Mystiker) Im Gegensatz zu dem abstrakten und unechten Nichts der Philosophen schwillt das ihrige, bis es vor Fülle zerspringt: außerweltliche Wonne, übersprungene Zeit, leuchtende Allverleugnung jenseits aller Grenzen des Denkens. Gott werden, sich zerstören, um sich wiederzufinden, sich in den Abgrund der eigenen Klarheit stürzen, dazu gehört mehr Spannkraft und Tollkühnheit als zu allen anderen unserer Handlungen. Die Ekstase ist der Grenzwert des Erlebens, sie vollendet sich im *Einsturz des Bewußtseins*. Einzig diejenigen haben die Möglichkeit dazu, die im Abenteuer der Selbstentäußerung die x-beliebige Illusion, auf die sich ihr Leben gründet, mit einer anderen, höchsten und letzten vertauschen, wo alles entschieden ist, alles überholt. Dort hat der Geist ausgedient, die Reflexion ist aufgehoben und mit ihr die Verlegenheitslogik. Ach, könnten wir dem Beispiel der Mystiker folgen, alle Gewißheiten überspringen, auch die Sackgassen, die zu ihnen gehören, ach, könnten wir wie sie in göttlich blendendem Selbstbetrug zum echten Nichts zurückfinden! Mit welcher Geschicklichkeit eignen sie sich das Wesen Gottes an, plündern ihn, berauben ihn seiner Attribute, statten sich selbst damit aus, um … seine Rolle zu spielen. Nichts widersteht ihrer überschäumenden Narrheit, dieser Expansion ihrer Seele, die immer im Begriff ist, einen anderen Himmel, eine andere Erde zu fabrizieren. Alles, was sie berühren, nimmt die Farben des Daseins an. Da sie begriffen haben, wie nachteilig es ist, die Dinge so zu sehen und stehen zu lassen, wie sie sind, haben sie sich bemüht, sie zu pervertieren. Sie befleißigen sich einer lasterhaften Optik. Nach den Verheerungen der Klarsicht bleibt, das wissen sie, keine Spur von Wirklichkeit übrig. *Nichts ist:* das ist ihr Ausgangspunkt, das ist die Gewißheit, die sie erfolgreich überwunden und abgestoßen haben, um zu der Behauptung zu gelangen: *alles ist.* Solange wir nicht die Wegstrecke durchlaufen haben, die sie zu einer so überraschenden Schlußfolgerung geführt hat, werden wir niemals auf gleichem Boden Zugang zu ihnen finden.

(DS 170 f.)

(Die Gefahr ist, aus der Leere einen Ersatz des Seins zu machen und sie daher ihrer wesentlichen Funktion zu berauben, welche die Mechanismen der Bindung stören. Wird sie aber selber Gegenstand der Bindung, wäre es dann nicht besser gewesen, sich ans Sein und den ganzen Zug der Illusionen, der ihm folgt, zu halten? Um unsere Bindungen zu überwinden, müssen wir lernen, uns an nichts zu klammern, es sei denn ans *Nichts* der Freiheit.) (VS 75)

Religionen

Da Ciorans Verhältnis zur Religion nicht zuletzt eine Familienangelegenheit *war, überrascht es nicht, daß er sich in seinen späteren Jahren auch mit dem auseinandersetzte, was ihn in seiner Frühzeit nicht unwesentlich geprägt haben dürfte. Sein heftiges Temperament ließ ihn eine deutlich größere Affinität zum Alten Testament empfinden, wo Zorn und Hader breiten Raum einnehmen, als zur häufig unrealistischen Sanftmut des Neuen. Viele seiner längeren Texte haben in ihrem oft brutalen, energischen und kompromißlosen Duktus etwas Alttestamentarisches an sich; das gilt für die früheren allerdings mehr als für die späteren. Im Laufe seiner intellektuellen Entwicklung hat sich Cioran nach eigener Aussage von der Enge und Intoleranz seines angestammten Monotheismus freigemacht und zu einem toleranten und fröhlichen Polytheismus gefunden, der der Mannigfaltigkeit seiner Neigungen und der Widersprüchlichkeit seiner Haltungen besser gerecht geworden ist. Seine genaue Kenntnis des Christentums ließ ihn bei älteren spirituellen Traditionen Zuflucht nehmen; wie nahe er dabei beispielsweise der Gnosis kam, ist jedoch umstritten. Da er die Anmaßung an sich selbst oft studiert, kommentiert und parodiert hat – zum Beispiel in seiner Analyse des Predigerwahns –, war ihm diejenige seiner Vaterreligion entsprechend zuwider. Viele seiner Äußerungen lesen sich wie Protokollfetzen eines alten Kampfes mit dem jüdisch-christlichen Gott. Ciorans kritische Invektiven im Felde des Religiösen gelten jedoch gleichermaßen den sogenannten Gläubigen wie den sogenannten Atheisten, da sie letztlich von ähnlichen Denkvoraussetzungen ausgehen.*

Niemand kann wissen, ob er gläubig ist oder nicht.
(GD 226)

Eine Religion ist nur vor der Ausarbeitung ihrer Dogmen lebendig. Man glaubt nur echt, so lange man nicht weiß, was genau man glauben soll. (CA 65)

Im Lauf der Jahre bin ich in zwei oder drei Religionen ziemlich weit vorgedrungen und jedesmal zurückgewichen, wenn ich an der Schwelle einer »Bekehrung« stand, aus Angst, mich selber zu belügen. Keine von ihnen war in meinen Augen frei genug, um zuzugestehen, daß die Rache ein Bedürfnis ist, das heftigste und tiefste, das es gibt, und daß jeder sie stillen muß, und sei es nur in Worten. Wenn man das Rachebedürfnis erstickt, so setzt man sich schweren Schäden aus. Mancher Verlust des Gleichgewichtes – vielleicht jeder – entstammt einer Rache, die man allzulang hinausgeschoben hat. Wir müssen explodieren können! Jedes andere Unbehagen ist *gesünder* als jenes, das ein angehäufter Zorn hervorruft. (NG 53)

Ich liebe die Menschen des Alten Testaments: sie sind rachsüchtig und traurig. Die einzigen, die, sooft sie wollten, von Gott Rechenschaft verlangten, die keine Gelegenheit versäumten, ihn daran zu erinnern, daß er unbarmherzig ist und daß sie keine Zeit haben zu warten. Damals hatten die Sterblichen religiösen Instinkt, heute nur noch *Glauben* und nicht einmal den. Das große Übel des Christentums besteht darin, daß es das Verhältnis von Mensch und Schöpfer nicht zu verschärfen wußte. Zu viele Lösungen und zu viele Vermittler. Das Drama Jesu hat die Leiden versüßt und das Recht auf Mannhaftigkeit in religiösen Angelegenheiten geraubt. Ehedem hob man Fäuste zum Himmel, heute nur Blicke. (GD 102)

Wie es sich gehört, habe ich alle für Gott günstigen Argumente durchgeprüft: seine Nichtexistenz schien mir unversehrt daraus hervorzugehen. Er hat die geniale Fähigkeit, sich durch sein ganzes Werk entkräften zu lassen; seine Verteidiger machen ihn hassenswert, seine Anbeter verdächtig. Wer befürchtet, er könnte ihn lieben, der braucht nur Sankt Thomas aufzuschlagen ...

Und ich denke an jenen Universitätsprofessor in Südosteuropa, der eine seiner Schülerinnen über die Beweise der Existenz Gottes befragt; sie legt los: historischer Beweis, ontologischer Beweis usw. Aber sie beeilt sich hinzuzufügen: »Und doch glaube ich nicht daran.« Der Professor ärgert sich und wiederholt die Beweise der Reihe nach; mit einem Achselzucken beharrt sie in ihrer Ungläubigkeit. Da steht der Lehrer auf, *glaubensrot*: »Mein Fräulein, ich gebe Ihnen mein Ehrenwort darauf, daß ER existiert!«

... Ein Argument, das für sich allein sämtliche Summen der Theologie aufwiegt.

Was soll man von der Unsterblichkeit sagen? Sie ausleuchten oder auch nur von ihr sprechen zu wollen kommt der Irrlehre oder der Eulenspiegelei gleich. Nichtsdestoweniger gibt es Abhandlungen, die ihre unmögliche Faszination herausstellen. Wenn man ihnen glauben will, brauchen wir unsere Zuflucht nur zu einigen Deduktionen zu nehmen, die der ZEIT feindlich sind ... Und schon sind wir mit Ewigkeit versorgt, vor Staub geschützt, vor Agonie gefeit.

Nicht diese hohlen Phrasen sind es, die mich an meiner Hinfälligkeit zweifeln lassen könnten. Wie sehr dagegen haben mich die Meditationen eines alten Freundes, eines Straßenmusikanten und Narren, in Verwirrung gebracht! Wie alle Verkommenen beschäftigt er sich mit Problemen: eine ganze Anzahl davon hat er ›gelöst‹. An jenem Tag, nachdem er seinen Rundgang durch die Kaffeeterrassen gemacht hatte, kam er zu mir und befragte mich über ... die Unsterblichkeit. »Sie ist undenkbar«, sagte ich ihm, zugleich angezogen und abgestoßen durch seine weltfremden Augen, seine Runzeln, seine Lumpen. Da schien er in einer Gewißheit aufzuleben: »Du tust unrecht, nicht daran zu glauben; wenn du nicht daran glaubst, wirst du kein Weiterleben haben. Ich bin sicher, daß der Tod nichts über mich vermag. Außerdem, du kannst sagen, was du willst, alles hat eine Seele. Sieh mal, hast du gesehen, wie die Vögel in den Straßen herumjagen und dann plötzlich über die Häuser aufsteigen, um Paris zu *betrachten*? Das hat eine Seele, das kann nicht sterben!« (SB 62f.)

Wenn ich an Gott glaubte, würde meine Arroganz keine Grenzen kennen: ich würde ganz nackt auf den Straßen spazierengehen ... (SB 57)

Je mehr sich die Menschen von Gott entfernen, desto mehr schreiten sie in der Kenntnis der Religionen fort. (NG 25)

Alle Religionen haben dem Menschen eine maßlose Bedeutung eingeräumt, darum stehen sie so hoch in Kurs. Der *Zohar* sagt: »Im Augenblick, in dem sich die Empfängnis vollzieht, schickt der Heilige, sein Namen sei gesegnet, hienieden eine getreue Wiedergabe des Menschen, der den Stempel seiner göttlichen Prägung trägt. Dieses Urbild wohnt der fleischlichen Vereinigung bei, und falls das Auge erspähen könnte, was dort geschieht, würde man oberhalb seines Kopfes ein Bild sehen, dem menschlichen Antlitz sehr ähnlich, das ist das Muster, nach dem wir gezeugt werden. Solange es nicht herabgestiegen ist, vom Herrn gesendet, und solange es sich nicht über unseren Köpfen aufhält, findet die Zeugung nicht statt. Denn es steht geschrieben: Gott schuf den Menschen nach seinem Bildnis. Es empfängt uns als erstes bei unserer Ankunft in der Welt, es entwickelt sich mit uns, wenn wir heranwachsen, und es verläßt mit uns die Erde.« Zohar apud (Anm.: unleserliches Wort). (Akzente 350)

Den Juden kann man vorwerfen, daß sie allesamt dazu neigen, zuviel Platz in Anspruch zu nehmen, daß nichts sie zufriedenstellt und daß sie sich unentwegt ausbreiten, *darstellen* müssen. Sie kennen keine *Grenze*, in keiner Sache. Das ist ihre Stärke und ihre Schwäche. Sie gehen in allem zu weit, und es ist unvermeidlich, daß sie sich an anderen stoßen, an denen, die ebenfalls vorankommen wollen, aber nicht die Mittel dazu haben. (SuF 746f.)

Jede Religion, die mit der Geschichte einen Pakt eingeht, entfernt sich von ihren Wurzeln. Das trifft auf das Christentum zu, das ursprünglich ganz der Entsagung verpflichtet war, aber später – ein wirklicher Verrat – sich in eine Eroberer-Religion verwandeln sollte. (GeJan 16)

Der Polytheismus wird der Mannigfaltigkeit unserer Neigungen und Impulse, denen er eine Betätigungs- und Ausdrucksmöglichkeit bietet, besser gerecht, so daß jede einzelne uns innewohnende Tendenz ihrer Natur entsprechend dem Gott zustreben kann, der ihr gerade paßt. Was soll man aber mit einem einzigen Gott anfangen? Wie soll man ihn auffassen, wie ihn *gebrauchen*? Wenn er gegenwärtig ist, lebt man immer *unter Druck*. Der Monotheismus unterdrückt unsere Sensibilität, er ergründet uns, indem er uns einengt; ein System von Nötigungen, das uns eine innere Dimension auf Kosten der Entfaltung unserer Kräfte verleiht; er verkorkst uns. Wir waren mit mehreren

Göttern sicherlich *normaler*, als wir es mit einem einzigen sind. Wenn die *Gesundheit* ein Kriterium ist, welch ein Rückschritt ist dann der Monotheismus!

Unter der Herrschaft mehrerer Götter verteilt sich die Inbrunst; wenn sie sich auf einen einzigen richtet, konzentriert und überschlägt sie sich und verwandelt sich schließlich in Aggressivität, *in Glauben.* Die Energie wird nicht mehr zerstreut, sondern ganz in ein und dieselbe Richtung gelenkt. Bemerkenswert war beim Heidentum, daß man dort keinen radikalen Unterschied zwischen »glauben« und »nicht glauben« machte, zwischen »einen Glauben haben« oder »keinen Glauben haben«. Der Glauben ist übrigens eine christliche Erfindung; er setzt ein und dieselbe Gleichgewichtsstörung beim Menschen und bei Gott voraus, die von einem ebenso dramatischen wie wirren Dialog hingerissen sind. Daher der wütende Charakter der neuen Religion. Die vorhergehende, viel humanere Religion ließ einem die Freiheit, den Gott zu wählen, den man wollte; da sie einem keinen aufdrängte, war es Sache jedes einzelnen, diesem oder jenem zuzuneigen. Je wandelbarer man war, um so mehr hatte man das Bedürfnis, die Götter zu wechseln, von einem zum anderen überzugehen, wobei man ganz sicher sein konnte, sie im Laufe eines Menschenlebens alle einmal zu lieben. (VS 25 f.)

Die Möglichkeit, sich durch die Ketzerei zu erneuern, verschafft dem Gläubigen eine glatte Überlegenheit über den Ungläubigen. (SB 61)

Wenn Meister Eckhart der einzige »Scholastiker« ist, den man noch lesen kann, so darum, weil bei ihm die Tiefe mit Charme, mit *Glamour* unterlegt ist, ein seltener Vorzug in ausgeprägten Glaubensepochen. (ZF 58)

Die Religionen wie die Ideologien, die deren Laster geerbt haben, laufen auf Kreuzzüge gegen den Humor hinaus.

(ZF 20)

Der Antiprophet

In jedem Menschen schlummert ein Prophet: erwacht er, so gibt es ein klein wenig mehr des Übels in der Welt ...

Der Predigerwahn sitzt tief in unserem Innern, er muß aus Tiefen emportauchen, die selbst dem Selbsterhaltungstrieb verborgen bleiben. Jedermann erwartet den Augenblick, da *er* etwas anpreist – gleichviel was. Er hat eine Stimme, das genügt. Es kommt uns teuer zu stehen, daß wir weder taub noch stumm sind ...

Von den Straßenkehrern bis zu den Snobs – alle sind sie freigiebig mit ihrer verbrecherischen Großmut, alle verteilen sie Rezepte des Glücks, alle wollen sie die Schritte aller lenken: das Leben in der Gemeinschaft wird unerträglich, noch unerträglicher jedoch das Leben mit sich selber: man braucht sich um die Angelegenheiten der anderen gar nicht zu kümmern, man ist um die eigenen derart besorgt, daß man entweder sein »Ich« in eine Religion umwandelt oder – ein Gegenapostel gleichsam – es verneint. Wir alle sind Opfer des Universalspiels ...

Der Fülle der Lösungen, die sich den Anschein des Daseins geben, hält ihre Belanglosigkeit die Waage. Die Geschichte: Massenmanufaktur von Idealen, überspannte Mythologie, Raserei der Horden und der Einsamen, Weigerung, die Wirklichkeit als das anzusehen, was sie ist; tödliche Fiktionsgier ...

Unser Tatendrang entspringt dem unbewußten Hang, uns für Mittelpunkt, Ursache und Endziel der Zeit zu halten. Unsere Reflexe und unsere Dünkelhaftigkeit dehnen die Handbreit Fleisch und Bewußtsein, die wir sind, zu einem Weltkörper aus. Wären wir uns über unsere Stellung im All im klaren, wäre *vergleichen* untrennbar von *leben* –, das Offenbarwerden unserer Winzigkeit würde uns niederschmettern. Aber leben heißt blind sein gegenüber seinen eigenen Dimensionen ...

Alle unsere Handlungen – von der Atmung bis zur Gründung von Weltreichen und metaphysischen Systemen – entstammen der Illusion, der wir uns in bezug auf unsere Bedeutung hingeben –, um wieviel mehr entstammt ihr unser Prophetentrieb! Wer würde, wenn er seine eigene Nichtigkeit deutlich vor Augen hätte, noch versuchen, unter den Menschen zu wirken und sich zum Erlöser aufzuwerfen?

Sehnsucht nach einer Welt ohne »Ideale«, nach einer Agonie ohne Glaubenslehre, nach einer Ewigkeit ohne Leben ... Das Paradies ... Indes, wir könnten auch nicht eine Sekunde lang existieren, ohne uns etwas vorzuspiegeln: der Prophet in unserem Innern ist das Körnchen Torheit, dem wir unser Gedeihen inmitten unserer Leere verdanken.

Der vollkommen klarsichtige Mensch, der in idealer Weise normale Mensch also, dürfte außerhalb des *Nichts* in seinem Innern nirgends eine Zuflucht suchen. Ich stelle mir vor, wie er sagt: »Vom Ziel, von sämtlichen Zielen losgerissen, bewahre ich von meinen Begierden und Bitterkeiten nichts als die *Formel*. Indem ich der Versuchung des Schlüsseziehens widerstand, besiegte ich den Geist, wie ich ja auch das Leben niederrang durch meinen Abscheu davor, es nach Lösungen zu durchforschen. Der Anblick des Menschen: welch ein Brechmittel! Die Liebe: Begegnung zweier Speichel ... Sämtliche Gefühle schöpfen ihre Unendlichkeit aus dem Elend der Drüsen. Adel gibt es allein in der Verneinung des Daseins, in einem Lächeln, das über ausgelöschten Landschaften lagert.

Früher besaß ich ein ›Ich‹, jetzt bin ich bloß ein Gegenstand ... Mit sämtlichen Drogen der Einsamkeit mäste ich mich: die der Welt waren nicht stark genug, um mich die Welt vergessen zu lassen. Ich habe den Propheten in mir umgebracht – wie sollte ich jetzt noch einen Platz unter den Menschen haben?« (LZ 10f.)

Welchen Beistand kann die Religion einem Gläubigen geben, der von Gott und dem Teufel enttäuscht ist? (SB 64)

Die dreizehn-, vierzehnjährigen Schüler lesen Freud. Diese quasi-wissenschaftliche Pornographie, in der er sich ausgezeichnet hat, flößt mir Ekel ein. Aber sie fesselt die Jugend, die Müßiggänger, die falschen Ärzte, Unausgeglichene aller Art und auch diejenigen, die die Lösung für einen Haufen von Phänomenen besitzen wollen, für die es keine gibt. Nichtsdestotrotz sind wir alle Psychoanalytiker – da das Erklärungsraster, das diese sogenannte Wissenschaft anbietet, verlockend, scheinbar kompliziert und tief, aber im Grunde einfach und ganz und gar willkürlich ist. Es ist fast ein Bedürfnis geworden, darauf zurückzugreifen. Die theologischen Erklärungen waren weit interessanter, aber sie sind nicht mehr gefragt. Die Psychoanalyse zu liquidieren bedeutet, einen Schritt in Richtung intellektuelle Freiheit zu tun.

Befreit uns von der Psychoanalyse, danach werden wir uns selber von den Übeln befreien, von denen sie spricht.

(CA 172)

Brief an François Mauriac: (...) Der Skeptiker hat dem Glaubenden nichts voraus – der eine trägt die Last seiner Bestürzungen, der andere diejenigen seiner Gewißheiten. Wohin man sich auch wenden mag, stets setzt man sich dem Schwindelerregenden aus, stolpert über das Unannehmbare.

»Die liebenswerte Mittelmäßigkeit der Evangelien« – Sie werfen mir mit Recht solche Äußerungen vor. Kann aber der Sohn eines Popen andere von sich geben? Seitdem ich begonnen habe, mich selbst abzugrenzen, habe ich es als Reaktion gegen die Wahrheiten meines Vaters getan, gegen das Christentum. Dem offenkundigen Beweggrund gesellte sich ein tieferer: meine Unfähigkeit, Christus zu verstehen, ihn mir überhaupt vorzustellen. Gott hingegen hat mir keine Ruhe gelassen, hat nie aufgehört, mich zu plagen. Die Leiden, die er mir zugefügt hat, bilden den Ruhm meiner Lebenstage, ein unerwartetes Desaster, eine Hölle, die mich meiner Ansicht nach freikauft. Er blieb zwar in meinen Gedanken vorhanden, aber nicht in meinem Herzen. Niemals habe ich ihn lieben können ... Ein Glaubender *ohne die Gnade*, so sehe ich mich selber. Dieses Paradox wird Sie sicher nicht zum Lachen reizen, davon bin ich überzeugt, denn Sie kennen zweifelsohne jene Augenblicke, wo man für ein Gebet das ganze Universum hergeben würde, wo aber kein einziges Wort dem Geheimnis zustimmt; man steht verstört an der Schwelle eines Zurufes, weit entfernt von sich selbst wie von allem anderen auch.

Meine Vergeblichkeiten aufzuzählen würde ins Unendliche führen. Sie sind letztlich so bedeutungslos! Es ist höchste Zeit, daß ich Schluß mache und zum Wesentlichen komme: ich danke Ihnen, daß Sie mich »verwirrt« haben, und bezeuge Ihnen meine achtungsvolle Bewunderung.

(BrieMau)

Als Kind war ich heftig atheistisch, und das ist noch zuwenig gesagt. Wenn bei der Mahlzeit ein Tischgebet gesprochen wurde, stand ich sofort auf und ging hinaus.

(GeBon 112)

Jeder ungestüm proklamierte Atheismus verdeckt ein Unbehagen. Meine Jugend war gezeichnet durch eine Reaktion gegen die Kirche, aber auch gegen Gott selbst. Der

Glaube fehlte mir, aber keineswegs die glühende Heftigkeit. Es ist mir sogar gelungen, meinen Bruder durch die schreckenerregenden Reden, die ich ihm hielt, davon abzubringen, ins Kloster zu gehen. (GeJan 9)

Um die dem Dualismus innewohnenden Schwierigkeiten zu vermeiden, könnte man ein und denselben Gott konzipieren, dessen Geschichte in zwei Phasen abliefe: in der ersten ist er weise, blutlos, in sich gesammelt, ohne irgendeine Begierde, sich zu manifestieren: ein *eingeschlafener* Gott, erschöpft von seiner Ewigkeit; – in der zweiten Phase finden wir ihn unternehmungslustig, frenetisch, Irrtum über Irrtum begehend, eine im höchsten Maß verdammenswerte Aktivität entfaltend. Bei genauerer Überlegung erscheint diese Hypothese weniger klar und vorteilhafter als jene von zwei deutlich unterschiedenen Göttern. Meint man jedoch, daß weder die eine noch die andere Hypothese Rechenschaft darüber gibt, was die Welt taugt, dann bleibt immer noch die Möglichkeit, mit manchen Gnostikern zu denken, daß sie unter den Engeln ausgelost wurde.

(Es ist erbärmlich, es ist entwürdigend, die Gottheit mit einer Person zu vergleichen. Niemals wird sie andrerseits für einen, der mit dem Alten und Neuen Testament vertraut ist, eine Idee, noch ein namenloses Prinzip sein. Zwanzig Jahrhunderte Schelte lassen sich nicht von einem Tag zum andern vergessen. Ob sich unser religiöses Leben auf Hiob oder Paulus bezieht, es ist jedenfalls Streit, Exzeß, Zügellosigkeit. Die Atheisten, die so gerne Invektiven gebrauchen, beweisen damit, daß sie *jemanden* zur Zielscheibe nehmen. Sie sollten weniger hochmütig sein. Ihre Emanzipation ist nicht so vollkommen, wie sie meinen: sie machen sich von Gott genau die gleiche Vorstellung wie die Gläubigen.)

(VS 10f.)

Unbrauchbarer sein als ein Heiliger ... (SB 59)

Je kühner die Paradoxe über Gott sind, um so treffender drücken sie sein Wesen aus. Die Beleidigungen kommen näher an ihn heran als die Theologie und die philosophische Meditation. (TH 81)

In Gott bist du einsamer als in einer Pariser Mansarde. (GD 143)

Wäre ich meiner Gleichgültigkeit gegenüber dem Heil gewiß, ich wäre bei weitem der glücklichste Mensch, den es je gab. (VS 121)

Wieviel Plackerei kostet es, sich in der Wüste einzurichten! Gescheiter als die ersten Eremiten, haben wir gelernt, sie in uns selbst zu suchen. (SB 61)

Ich mißbrauche das Wort Gott. Ich brauche es zu oft, zu oft. Jedesmal wenn ich an eine Grenze stoße und eine Vokabel brauche, um das zu bezeichnen, was *danach* kommt. Ich ziehe Gott dem Unfaßbaren vor. (ZF 20)

Gott bedeutet die letzte Etappe eines Weges, den äußersten Punkt der Einsamkeit, einen unsubstantiellen Punkt, dem man doch einen Namen geben, eine fiktive Existenz zuerkennen muß. Er erfüllt letztlich eine Funktion: die des Dialogs. Selbst der Ungläubige sehnt sich danach, mit dem »Alleinigen« zu sprechen, denn es ist nicht einfach, sich mit dem Nichts zu unterhalten. Der Buddhismus seinerseits geht dieser Schwierigkeit aus dem Wege, denn er gründet nicht wie das Christentum auf dem Dialog. Er braucht Gott nicht. Einzig das Bewußtsein des Leidens zählt. (GeJan 15)

Die Funktion des Wortes bei den Schöpfungsmythen. Gott spricht, und die Dinge entstehen. Das ist eine *literarische* Sicht des Universums, die allein der Mensch ersinnen konnte. Gerne würden wir die kosmogonischen Faseleien eines stummen, wortlosen Geschöpfes kennen.

(Akzente 352)

Man müßte eine Standard-Formel ausarbeiten, die ein jeder in der Todesstunde anwenden könnte: »Jetzt bin ich dran« oder: »Auch ich werde sterben«. Die erste ist zu geläufig, die zweite zu hochmütig. (Akzente 358)

Skeptische Wendungen, die bei den Kirchenvätern so selten waren, gelten heute als modern. Durchaus einleuchtend. Das Christentum hat seine Rolle ausgespielt, und das, was zu seinem Beginn sein Ende ankündigte, ist jetzt ein Anlaß geworden sich zu ergötzen. (ZF 56)

Es gibt Augenblicke, an denen wir, wie fern wir auch jedem Glauben sind, uns nur Gott als Gesprächspartner vorstellen können. Uns an irgendwen andern zu wenden scheint uns eine Unmöglichkeit oder ein Wahnsinn. Die Einsamkeit bedarf in einem äußersten Stadium einer Form der Konversation, die ebenfalls eine äußerste ist. (NG 163)

Die Religionen sterben am Mangel an Paradoxie (...).

(RD 11)

Die Kraft der Negation

Die Auffassung, daß es sich bei Cioran um einen pessimistischen Denker handelt, hat, obwohl er ihr mehrfach widersprochen hat, sich vor allem im deutschen Sprachraum ähnlich lange und hartnäckig gehalten wie der Glaube, er habe in der großen Stadt Paris als ›Eremit‹ gelebt. Beides trifft genauer besehen nicht zu. Denn die negativen Geister, die Cioran als Gewährsmann ihres Weltverständnisses zu rekrutieren versuchten, ignorierten den erklärtermaßen autotherapeutischen Impuls seiner Texte wie auch seiner Lektüren. »Also, ich betrachte alles, was ich geschrieben habe, nicht als Theorie, sondern als Kur für mich selbst. Die Einseitigkeit meiner Bücher kommt daher, daß ich nur in einem gewissen Zustand schreibe« *oder* »Je mehr ich die großen Pessimisten lese, um so mehr liebe ich das Leben. Nach einer Stunde Schopenhauer-Lektüre reagiere ich wie ein frisch Verlobter.« *Der* cafard *– ein kaum übersetzbares Wort für ›Langeweile‹ oder ›Katzenjammer‹ – bedeutet für Cioran einen intensiven Zustand, der sich bei ihm nicht selten zu Kristallisationspunkten seiner Klarsicht ausreift oder zu einer Art psychologischem Ratgeber wird. Irritation – und die zu erzeugen wird Cioran kaum je müde – hat auch sein Verhältnis zum Selbstmord ausgelöst. Cioran:* »Ich verbringe meine Zeit damit, den Selbstmord schriftlich zu empfehlen und mündlich von ihm abzuraten.« *Der Apologet der Selbsttötung hat viele Beinahe-Selbstmörder, die sich in ihrer Not an ihn wandten, am Leben gehalten; nicht zuletzt dadurch, daß er ihnen die potentielle Heilkraft des Selbstmordgedankens nahebrachte. Denn wird jeder Tag so verbracht, als sei er der letzte, den man zu leben hat, so kann eine enorme Lebenskraft und Wahrnehmungsfülle freigesetzt werden. Andererseits entlarvte kaum ein Autor die eigene Wehlei-*

digkeit, die – glaubt man Cioran – ein Aspekt seines rumänischen Erbteils ist, so pointensicher wie er selbst, dessen Ironie hier oft das Sarkastische streift.

Das Geheimnis meiner Anpassung an das Leben? – Ich habe meine Verzweiflungen gewechselt wie meine Hemden. (SB 83)

Einen Namen tragen heißt auf eine ganz bestimmte Art von Zusammenbruch Anspruch erheben. (DS 8)

Ich habe in meine Bücher das *Schlimmste* meiner selbst hineingelegt. Zum Glück, denn wieviel Gift hätte ich sonst angehäuft! Meine Bücher strotzen von Gehässigkeit, mörderischen Launen, Rachsucht – aber das war vielleicht nötig, denn sonst hätte ich nicht einen gewissen Anschein von Ausgeglichenheit, von »Vernunft« wahren können. (CA 176)

Nichts läßt sich mit dem Aufkommen des *cafard* beim Erwachen vergleichen. Es wirft einen Milliarden von Jahren zurück bis zu den ersten Anzeichen, bis zu den Symptomen des Seins, im Grunde bis zum Prinzip des *cafard* selbst. (ZF 119)

Dank des *cafard* erinnern wir uns an die Gemeinheiten von uns, die wir im Tiefsten unseres Gedächtnisses verscharrt haben. Der *cafard* ist der Ausgräber unserer Schandflecken. (ZF 136)

Wenn uns nichts mehr anstachelt, ist der *cafard* da, der lebensvergiftende, als letztes Stimulans. Wir wissen nicht mehr, wie wir ihn entbehren sollten, deshalb suchen wir ihn in der Zerstreuung und im Gebet. Und so sehr fürchten wir uns davor, er könnte uns weggenommen werden, daß die Bitte »Unseren täglichen *cafard* gib uns heute« zum Kehrreim alles von uns Erwarteten und von uns Erflehten wird. (SB 52)

Zerstören heißt handeln, heißt erschaffen im umgekehrten Sinn, heißt also, auf eine ganz spezielle Art, Solidarität mit dem Seienden bezeugen. (AZ 64)

Einem alten Freund, der mir mitteilt, er habe beschlossen, seinem Leben ein Ende zu setzen, entgegne ich, man sollte sich nicht zu sehr beeilen, die letzte Partie der Komödie sei nicht ganz ohne jeden Reiz und man könne sich sogar mit dem Unerträglichen abfinden, unter der Bedingung, niemals zu vergessen, daß alles nur ein Bluff ist, ein Qualen erzeugender Bluff ... (ZF 117f.)

Das Unglück, nicht unglücklich genug zu sein ... (GD 58)

Ja, ich habe eine Schwäche für Friedhöfe, doch diese sind leider nicht mehr sehr schön, sie sind einfach übervölkert! Wenn ich Freunde oder Leute, die ich kenne, treffe, die durch eine schwere Periode gehen, dann habe ich ihnen meistens nur diesen einen Ratschlag zu geben: »Geh zwanzig Minuten lang auf einen Friedhof, und Du wirst sehen, daß Dein Kummer zwar nicht verschwunden, doch fast vergessen und überholt sein wird.« Gerade vor einigen Tagen sagte ich noch einer jungen Frau, die an furchtbarem Liebeskummer litt: »Da Sie nicht weit vom Montparnasse entfernt wohnen, gehen Sie doch über den Friedhof spazieren, nur eine halbe Stunde, und Sie werden sehen, daß Ihnen Ihr Unglück annehmbar erscheinen wird.« In einer solchen Lage ist dies auch viel besser, als zu einem Arzt zu gehen; es gibt ja auch kein Medikament, das helfen könnte. Einen Friedhof in einer solchen Lage zu besuchen ist eine Lektion, eine Lektion in Weisheit! Ich habe stets solche Methoden praktiziert bzw. empfohlen, obgleich sie nicht unbedingt seriös anmuten, doch sie sind in jedem Fall ziemlich wirksam. Was kann man denn überhaupt jemandem Sinnvolles sagen, der völlig verzweifelt ist? – überhaupt nichts oder fast nichts. Mein Ratschlag zeigt sofort seine Wirkung. (GeJa 33)

Ich verbringe meine Zeit damit, den Selbstmord schriftlich zu empfehlen und mündlich von ihm abzuraten. Im ersteren Falle handelt es sich nämlich um eine philosophische Lösung; im letzteren um einen Menschen, um eine Stimme, um eine Klage … (G 111)

Man soll nicht mäßig bedrückt sein, sondern melancholisch bis zum Exzeß, ganz extrem betrübt. Dann nämlich setzt eine heilsame biologische Reaktion ein. Zwischen Grauen und Ekstase pflege ich einen aktiven Trübsinn. Kafka fand ich lange Zeit zu deprimierend. (GeBon 112)

Da der Selbstmord tagaus, tagein mein Begleiter war, wäre es meinerseits ungerecht und undankbar, ihn herabzuwürdigen. Was gibt es denn Natürlicheres, Gesünderes? Was es aber keineswegs ist, ist dieser wüste Appetit auf Leben, ein

Schandfleck, der Schandfleck schlechthin, mein Schandfleck. (ZF 46)

Die negative Auffassung des Selbstmordes ist ganz dumm, und mein Einwand gegen das Christentum ist, daß es die Idee nicht verstanden und einen zweitausend Jahre langen Kampf gegen diese Idee geführt hat. Doch im Gegenteil, sie ist eine ganz brauchbare Idee, die jemandem die Illusion der Freiheit gibt. Das ist sehr wichtig, daß man über sein Leben verfügt, macht, was man liebt und will – man kann sich auch töten, selbstverständlich. (Cafard, 30f.)

Sollte die Sehnsucht nach Einsamkeit denn nichts anderes sein als poetische Verkleidung der Selbstsucht? (GD 83)

Wo blüht der Selbstmord stärker als im Lächeln?

(GD 101)

Alles, was ich mir zusammengedacht habe, läuft auf zu Allgemeinheiten herabgewürdigtes Unbehagen hinaus.

(G 114)

Ein Buch ist ein aufgeschobener Selbstmord. (NG 82)

Über den Selbstmord zu schreiben heißt, ihn hinter sich gelassen zu haben. (CA 198)

Ein Ekel, ein Ekel – daß man darüber die Sprache und sogar den Verstand verliert.

Die größte Leistung meines Lebens besteht darin, noch am Leben zu sein. (G 136)

Es tut wohl, zu denken, daß man sich töten wird. Kein Thema ist beruhigender: sobald man sich ihm nähert, atmet man auf. Darüber zu meditieren, macht beinahe so frei wie die Tat selber.

Je mehr ich abseits von den Augenblicken bin, desto mehr führt mich der Augenblick, mich endgültig von ihnen zu trennen, zur Existenz zurück, bringt mich genau auf das Niveau der Lebenden, verleiht mir eine Art Ehrbarkeit. Dieser Ausblick vor allem, dessen ich nicht entraten kann, hat mir erlaubt, jene Epochen zu überstehen, in denen ich niemanden etwas nachtrug, in denen ich verwöhnt war. Ohne seine Hilfe, ohne die Hoffnung, die er spendet, würde mir das Paradies als die ärgste der Foltern erscheinen. Wie oft habe ich mir gesagt, daß man sich ohne die Idee des Selbstmordes augenblicklich töten würde! Der Geist, dessen sie sich bemächtigt, hätschelt sie, vergöttert sie, erwartet von ihr Wunder. Wie ein Mensch, der sich beim Ertrinken an die Idee des Schiffbruches klammert.

(VS 57)

Verneinungen, die nicht zu Verzückung, und Verzweiflungen, die nicht zu Prophetie führen, haben die Tiefe nicht erreicht, in der sie sich selbst überwinden. (BT 63)

Ich habe mit dem Wort *Ekel* Mißbrauch getrieben. Doch welche andere Vokabel soll ich wählen, um eine Lage zu bezeichnen, in welcher die Überreizung ständig der Müdigkeit und die Müdigkeit ständig der Überreizung die Waage hält? (NG 159)

La Rochefoucauld ist der Moralist, der mir am meisten gefällt. Ich liebe bei ihm jene Bitterkeit, die konstant, alltäglich gewesen sein muß, so sehr hat sie sein Denken geprägt.

Ferner welche Feinfühligkeit in der Ausdrucksweise, welche Sorgfalt, um eine so offensichtliche Galle durch Form zu veredeln. Nichts schätze ich höher als die *elegante* Bitterkeit. (CA 133)

Man hat den tiefen Grund einer Sache nicht erforscht, wenn man sie nicht im Licht der Niedergeschlagenheit betrachtet. (VS 68)

Ich glaube, keine Gelegenheit verpaßt zu haben, traurig zu sein (meine Berufung als Mensch). (TH 75)

Meine Gier nach Agonien hat mich so viele Male sterben lassen. (SB 83)

Jemand ruft an, um zu fragen, ob ich einen rumänischen Schriftsteller namens Mihail Sebastian kenne, dessen Mutter sich (wegen seiner deutschen Rechte) in Paris aufhält. Ich war *erschüttert*. Sebastian war gerade zum Kulturattaché in Paris ernannt worden, als er während der Befreiung von einem Lastwagen totgefahren wurde. Er hätte hier große Karriere gemacht, denn einen französischeren Rumänen als ihn kann man sich schwerlich vorstellen. Welch feinsinniger Geist; welch bewundernswerter Mensch, so dahingerafft. Und er ist nicht bekannt. Und ich, der ich den ganzen Tag klage und mein Schicksal verfluche – was für eine Lektion! Man muß sich angewöhnen, die Ungerechtigkeiten zu bedenken, denen andere zum Opfer fallen, damit man die eigenen vergessen kann. Ich sollte mich nicht beklagen, ich habe kein Recht dazu; andererseits vermag ich kein Hosianna anzustimmen. Ich muß den richtigen Ton zwischen Entsetzen und Jubel finden. (SuF 742)

Eine furchtbare Beklemmung hatte sich meiner bemächtigt. Ich wußte nicht, wie ich davon loskommen sollte. Plötzlich läutete es an der Tür. Ich öffnete. Eine Dame eines gewissen Alters, die ich wirklich nicht erwartet hatte. Drei Stunden lang setzte sie mir mit solchem Blödsinn zu, daß meine Beklemmung sich in Wut verwandelte. Ich war gerettet! (ZF 16)

Länger als eine Viertelstunde kann man nicht an der Verzweiflung eines anderen teilnehmen, ohne die Geduld zu verlieren. (ZF 34)

Ich empfehle die Musik von Mozart und Bach als Heilmittel gegen die Verzweiflung. (BT 41)

Also, ich betrachte alles, was ich geschrieben habe, nicht als Theorie, sondern wirklich als Kur für mich selbst. Die Einseitigkeit meiner Bücher kommt daher, daß ich nur in einem gewissen Zustand schreibe. Ich schreibe, anstatt mich zu prügeln … (GeRa 19)

Ich habe genug vom Nein, das Ja verlockt mich. Da ich meine Vorräte an Verneinung erschöpft habe, vielleicht sogar die Verneinung selbst, warum sollte ich nicht auf die Straße gehen und aus vollem Halse herausschreien, daß ich auf der Schwelle einer Wahrheit stehe, der einzigen, die sich lohnt? (DS 251)

Nur jene Momente zählen, in denen der Wunsch, bei sich selber zu bleiben, so mächtig ist, daß man sich lieber eine

Kugel ins Gehirn jagen würde, als mit irgendwem ein Wort zu wechseln. (VS 68)

Kotzen? Beten? – Der Überdruß führt uns empor zu einem Kreuzigungshimmel, der in unserem Mund einen Nachgeschmack von Saccharin hinterläßt. (SB 30)

In einer Welt ohne Melancholie würden die Nachtigallen anfangen zu rülpsen. (SB 31)

Ausgepumpt – »ordinäres« Wort für einen Anfall von Trübsinn. (Akzente 349)

Ich weiß nicht, welch diabolischer Durst mich daran hindert, den Vertrag mit meinem Atem zu kündigen. (ZF 27)

Sarvam anityam = alles vergeht (Buddha). Spruch, den man sich zu jeder Tageszeit wiederholen sollte, auf die – herrliche – Gefahr hin, daran zu verrecken! (ZF 27)

Wieviel Konzentration, Fleiß und Takt haben wir nötig, um unseren Daseinsgrund zu zerstören? (SB 83)

Hitlers Hochzeit mit Eva Braun fand ein paar Stunden vor ihrem Selbstmord statt. Man rief eilends einen Beamten, der ihnen nacheinander die vorgeschriebene Frage stellte: »Sind sie arisch?« Sie bejahten. Hätte Hitler nein gesagt, wäre dies die außergewöhnlichste Antwort der Geschichte gewesen. (SuF 745)

Der violette Geschmack des Unglücks ... (GD 144)

Die Selbstquäler, was sind sie anderes als verbitterte Märtyrer, die nicht wissen, wofür sie sich aufopfern sollen? (ZF 107)

Regeln, um der Melancholie nicht anheimzufallen:

Den Rhythmus vergöttlichen: den Marsch einer Symphonie vorziehen;

alle Farben hassen: Sie erwecken Seelenzustände, die fatal in Schwermut münden. Sogar Rot ist zersetzend, wenn man sich darein versenkt. Uns in der letzten Abtönung von Weiß verlieren, in der Abwesenheit von Farbe;

Nuancen in den Gefühlen suchen; alle üben eine Suggestion aus und, der Reihe nach von ihnen angezogen, gleiten wir in uns wie ins Unbekannte hinab;

alles ist zerreißend, flüstert uns die Melancholie ein. Wir erwidern: Objektiv sterben;

dein eigener Rand sein;

allen Gefühlen Tanzausdruck verleihen, uns im Außen suchen, uns in der Welt der äußeren Zeichen entäußern;

es gilt, über die Leib und Seele auflösende Empfindung von Schwäche hinauszugehn. Und zu ihrer Überwältigung ist kein Mittel allzu zart oder allzu vulgär;

die Kraft durch Gedanken gebären und die Gefühle zwingen, ihr zu dienen;

dich in der Form zerfleischen. Methodologie der Zerfaserung; dich mit Geschmack und Beherrschung zunichte machen; sterben, das heißt deinen Halt verlieren. (BT 149f.)

Regeln zur Überwindung des Pessimismus, nicht aber des Leidens:

Das hauchzarteste Seelenzittern mit willentlicher Anspannung begleiten;

in den innigsten Auflösungen hellsichtig sein;

die musikalische Bestrickung überwachen;

mit Methode trauern;

die Bibel und die Dichter mit politischem Interesse lesen, auf daß die eigene Widerstandskraft sich bewähre;

Sehnsüchte zu Gedanken und Taten benutzen, sie der Seele rauben;

dir einen äußeren Mittelpunkt schaffen: ein Land, eine Landschaft, dir die Gedanken an den Raum binden;

den Haß gegen irgend etwas künstlich nähren;

die Kraft nach jedem Traum lieben: brutal sein nach allem Lauteren und Erhabenen;

eine Taktik der Seele erfassen; die Seelenzustände erobern;

von Menschen nichts lernen: Nur die Natur gebietet über die Zweifel;

die Furcht in Bewegung, im Rasen auslöschen; sooft wir stehen, schweigen die Dinge und das Nichts ruft uns;

aus Täuschungen ein System aufrichten. (BT 148 f.)

Je mehr ich die großen Pessimisten lese, um so mehr liebe ich das Leben. Nach einer Stunde Schopenhauer-Lektüre reagiere ich wie ein frisch Verlobter. Schopenhauer hat recht, wenn er behauptet, das Leben gleiche einem Traum, aber er begeht einen schweren Fehler, wenn er die Illusionen, statt sie aufzubauschen, entlarvt und glauben macht, es gebe etwas anderes als sie.

Wer könnte das Leben ertragen, wenn es real wäre? Als

Traum ist es ein Gemisch von Zauber und Schrecken, dem wir verfallen. (TH 73)

Gestern der »Messias« in der Kirche Saint-Roch. Zwei Stunden Jubel. Ich schäme mich, daß ich so viele Jahre an den Jammer geglaubt habe. Zwar stellt er sich bei mir mühelos (und täglich) ein, während ich die Male, wo ich wirklich Jubel erlebt habe, notfalls zählen könnte. Doch da war ich die Seele der Welt. (SuF 740)

Leiden ist Tätigsein ohne Tun. (GD 78)

Augenblicke

Augenblicke haben für den Erlebnisphilosophen *Cioran eine besondere Bedeutung. Das betrifft die letztlich rätselhaft bleibende existentielle Einheit eines jeden Augenblicks – des kleinsten chronometrisch meßbaren Intervalls, das sich bis zur* »Unzeitlichkeit« *(Wittgenstein) kontrahieren kann – wie auch das luzide Potential besonderer Augenblicke, die, Sterbemomenten vergleichbar, unvermittelt außergewöhnliche und umfassende Einsichten in die Existenz zu eröffnen vermögen. Cioran spricht hier von* »kosmogonischen Momenten«. *Er versucht, in seiner Wahrnehmung wie in seinem Denken solchen Momenten gegenüber offen zu bleiben, sich aufstören zu lassen und philosophisch auf das zu reagieren, was sich gerade ereignet – und sei es ›bloß‹ eine fallende Kastanie, eine plötzliche Trivialität, die an den Begriffsgehäusen vieler systematischer Denker wohl resonanzlos abprallen würde. Ciorans Offenheit für den Augenblick entspricht auch dem literarisch-philosophischen Genre, das er am meisten gepflegt hat: dem aphoristischen. Denn in dieser Gattung können die sprachlichen ›Rückstände‹* »einmaliger Augenblicke« *wie auch die Aufmerksamkeit für das andauernde und unaufhörliche Verstreichen der (Lebens-)Zeit besonders kongruent abgebildet werden.*

Kein Augenblick, in dem ich nicht fassungslos darüber bin, mich gerade in diesem Augenblick zu befinden.

(ZF 94)

Als ich vor einigen Tagen ausgehen wollte, schaute ich in den Spiegel, um meinen Schal zu richten. Plötzlich namenloser Schrecken: *wer ist dieser Mensch?* Unmöglich, mich selbst wiederzuerkennen. Ich habe vergeblich meinen Mantel, Schal, Hut identifiziert, ich wußte indes nicht, wer ich war, denn ich war nicht ich. Das dauerte ungefähr dreißig Sekunden. Als es mir gelang, mich wieder zu fangen, hörte der Schrecken nicht gleich auf, aber er nahm unmerklich ab. Den Verstand zu behalten ist ein Privileg, das uns genommen werden kann. (CA 14 f.)

Die Lebensfülle als Übermaß des Glücks ist nur in den Augenblicken möglich, in denen man sich von Grund auf der Irrealität des Lebens und des Todes bewußt wird. Diese Augenblicke sind als Erfahrungen selten, obwohl sie auf dem Gebiet der Reflexion häufig sein können. In diesem Bereich existiert nur das, was man spürt. Nun, die Irrealität zu spüren und dennoch innerhalb des gleichen Aktes zu transzendieren ist eine Leistung, die mit der Ekstase wetteifert und sie manchmal sogar übertrifft. (G 110)

Werfen wir uns doch der Pythia zu Füßen, kehren wir zu unseren ältesten Verzückungen zurück: zur Philosophie der *einmaligen Augenblicke*, der einzig wahren Philosophie. (DS 181)

Als ich zu später Stunde in dieser baumgesäumten Allee spazierte, fiel eine Kastanie mir zu Füßen. Das Geräusch, mit dem sie zersprang, das Echo, das es in mir weckte, und eine Ergriffenheit, die zu einem so winzigen Zwischenfall in keinem Verhältnis stand, tauchten mich ins Wunder, in die Trunkenheit des Endgültigen, als gäbe es keine Fragen mehr, nur noch Antworten. Ich war trunken von tausend unerwarteten Evidenzen, mit denen ich nichts anzufangen wußte ... So rührte ich beinahe an das Äußerste. Doch hielt ich es für geraten, meinen Spaziergang fortzusetzen.

(NG 15)

Da wir unsere Vitalität aus unserem Potential an Verrücktheit schöpfen, haben wir unseren Ängsten und unseren Zweifeln nichts anderes entgegenzusetzen als die Gewißheit und die Heilkraft des Deliriums. Kraft unserer Unvernunft wollen wir Quellen werden, Ursprung, Ausgangspunkt, mit allen Mitteln unsere *kosmogonischen Momente* vervielfachen. Wir sind ja eigentlich nur dann, wenn wir Zeit ausstrahlen, wenn Sonnen in uns aufgehen und wir ihre Strahlen verschwenden, welche die Augenblicke erleuchten … (DS 252)

Ich würde gerne *alles* vergessen und im Angesicht des Lichtes erwachen, das vor allen Augenblicken war. (ZF 82)

Die Augenblicke meines Lebens, die am meisten gezählt haben? Jene, in denen ich nichts tat, liegen blieb, ganz dem Vergehen der Zeit hingegeben oder eine bestimmte Frage wälzend. Nichts kann sich mit der Meditation messen, die die erhabenste Form der Muße ist. Die leere Zeit der Meditation ist in Wahrheit die einzig erfüllte Zeit. Ich schäme mich für alles, was ich getan habe, aber ich werde mich niemals für das schämen, was ich nicht getan habe, Augenblicke, Stunden, in denen ich mich nicht äußerte, in denen ich nicht das Bedürfnis hatte zu handeln oder zu schaffen, weil ich war. Das ist meditieren: nichts tun, aber sein.
(CA 231)

Einige Minuten lang habe ich mich auf das *Verstreichen* der Zeit konzentriert, meine ganze Aufmerksamkeit auf das Zutagetreten und Verschwinden eines jeden Augenblicks gerichtet. Eigentlich richtete sich mein Geist nicht auf den individuellen Augenblick (den es nicht gibt), sondern auf die Tatsache des Verstreichens selbst, auf den endlosen Zerfall der Gegenwart. Würde man dieses Experiment ohne Unterbrechung einen ganzen Tag lang machen, das Gehirn zerfiele seinerseits. (G 90)

Obsession des Vergehens der Zeit.

Daß jeder Augenblick, der vorbeizieht, auf ewig verstrichen ist! Diese Feststellung ist banal. Und dennoch hört sie auf, es zu sein, wenn man auf dem Bett liegt und über *diesen* genauen Augenblick nachsinnt, der uns entgeht, der unwiderruflich ins Nichts sinkt. Dann möchte man nie wieder aufstehen, und in einem *Anfall* von Weisheit nimmt man sich vor, sich Hungers sterben zu lassen. (CA 62)

Versuchen, die Essenz eines jeden Tages herauszudestillieren und, wenn möglich, jeder Stunde, als wären sie gezählt. – Und sie sind es, für mich wie für jeden anderen. Aber wir denken nicht genügend daran und vergeuden so unsere Zeit, lassen sie verstreichen, ohne ihre Substanz, wenn es überhaupt eine gibt, festzuhalten zu versuchen. (CA 180f.)

Hätte man mich gewarnt, daß meine Augenblicke wie all das übrige mich im Stich lassen würden, hätte ich weder Angst noch Trauer, noch Freude empfunden. Bruchlose Abwesenheit. Jeder persönliche Nachdruck war aus dem gewichen, was ich noch zu empfinden glaubte, aber in Wirklichkeit empfand ich nichts mehr, ich überlebte meine Empfindungen, und dennoch war ich kein Tot-Lebender; ich war durchaus am Leben, und zwar so, wie man es selten ist, wie man es nur einmal ist. (ZF 84)

Im Tiefsten der Nacht. Niemand mehr, nur noch in Begleitung der Augenblicke. Jeder gibt vor, uns Gesellschaft zu leisten, und macht sich dann davon – eine Fahnenflucht nach der anderen. (ZF 128)

Jene Augenblicke, wo eine Erinnerung oder noch weniger genügt, um aus der Welt herauszugleiten. (ZF 87)

Durch die Frage »Wohin geht *dieser* Augenblick?« aus dem Schlaf gerissen, antworte ich »Dem Tode zu« und schlafe sofort wieder ein. (VS 116)

Man kann alle Tage an den Tod denken und dennoch fröhlich in seinem Sein verharren: nicht so, wenn man unablässig an die *Stunde* seines Todes denkt; wer immer nur diesen Augenblick im Auge behielte, würde ein Attentat gegen alle seine anderen Augenblicke ausführen. (VS 108 f.)

Die Angst vor dem Tod ist nichts als die Projektion einer Angst, die mit unserem ersten Augenblick anhebt, in die Zukunft. (NG 5)

Ich versuche mir den Augenblick vorzustellen, in dem ich die *letzte* Begierde überwunden haben werde. (G 148)

Kein Augenblick, in dem mir nicht bewußt war, daß ich mich außerhalb des Paradieses befand. (NG 27)

Jene Augenblicke, in denen man eine irrsinnige Lust darauf hat, alleine zu sein, weil man sicher ist, daß man Auge in Auge mit sich selbst seltene, einzigartige, beispiellose Dinge finden und ausdrücken könnte. Dann die Enttäuschung, ebenso groß wie die Hoffnung, wenn man endlich alleine ist und nichts aus dieser so ersehnten Einsamkeit hervorgeht. (Akzente 352)

Es kommt ein Augenblick, wo man sich nur noch selbst nachäfft. (ZF 137)

In diesem Augenblick bin ich *allein.* Was kann ich mir Besseres wünschen? Ein intensiveres Glück gibt es nicht. Doch, dank der Stille zu hören, wie mein Alleinsein *wächst.* (G 162)

Jeder Augenblick scheint mir eine Probe des Jüngsten Gerichts und jeder Ort in der Welt ein Weltrand. (GD 184)

Wie innig vertraut man auch mit den Vollzügen des Geistes sein mag, *denken* kann man jeden Tag nur zwei oder drei Minuten lang; – wenn man sich nicht aus Neigung oder Beruf Stunden hindurch darin übt, die Worte zu brutalisieren, um Ideen aus ihnen herauszuholen.

Der Intellektuelle repräsentiert den tiefsten Sturz, die äußerste Niederlage des Homo sapiens. (SB 52)

Am wenigsten unsauber sind jene Gedanken, die mitten in unseren Scherereien, in den Pausen unseres Ärgers auftauchen, in den Luxusmomenten, die sich unsere Erbärmlichkeit gönnt. (NG 45)

Unfähig, im Augenblick zu leben, nur in der Zukunft und in der Vergangenheit, in Angst und Trauer! Nun, die Theologen sind kategorisch: dies eben ist die Lage und Charakterisierung des Sünders. Ein Mensch ohne Gegenwart.

(G 136)

Wir sind am Grund einer Hölle, von der jeder Augenblick ein Wunder ist. (VS 126)

Existieren

Einen der vielleicht wichtigsten Anreize zu selbständigem Philosophieren sowie zu einer Art Proto-Psychologie bietet das eigene Existenzgefühl: genauer die Möglichkeit, die Grundlagen des eigenen Seins zu bedenken. Die philosophische Position, die Cioran im Felde der Existenz bezieht, ist häufig eine Metaposition – also ein denkerisches Abstandnehmen bis an den Rand existentieller Kategorien. Hierbei den hypothetischen Standpunkt des Vorgeburtlichen oder Nachtodlichen einzunehmen, eröffnet Zugänge zu einer Luzidität, welche das Rätsel der individuellen Existenz sowie allen Seins gerade dadurch einsichtig macht, indem das vielleicht noch größere Rätsel des Nicht-Seins intensiver zu Sprache und zu Bewußtsein gebracht wird. In seinen Bemerkungen und Kommentarkonzentraten zum Existieren *bekundet der Popensohn Cioran außerdem eine deutliche Hinneigung zu fernöstlichen religiösen Haltungen, welche ja, anders als okzidentale Auffassungen, dem Nicht-Sein mindestens eine gleichgroße Bedeutung zumessen wie dem Sein.*

In jedem Wesen, welches nicht weiß, daß es auf der Welt ist, in jeder vom Bewußtsein unbefleckt gebliebenen Lebensform liegt etwas Heiliges. Wer niemals das pflanzliche Leben beneidet hat, ist am Drama des menschlichen Lebens vorbeigegangen. (AZ 137)

Man hätte im Larvenzustand bleiben sollen, sich von der Entwicklung beurlauben, unvollendet bleiben, sich in der Siesta der Elemente wohlfühlen und sich friedlich in einer embryonalen Ekstase aufzehren. (NG 87)

Im Jardin des Plantes habe ich lange die Augen eines Alligators, seinen uralten Blick betrachtet. Was mich an den Reptilien fasziniert, ist ihr unergründlicher Stumpfsinn, der sie den Steinen ähnlich macht: man möchte meinen, daß sie *älter* sind als das Leben, daß sie ihm vorausgingen, ohne es anzukündigen, daß sie es sogar flohen ... (G 134)

Vogelmarkt. Welche Kraft, welche Entschlossenheit in diesen winzigen frenetischen Körpern! Das Leben beruht auf diesem bestürzenden ... Etwas, das ein bißchen Materie belebt und dennoch gerade aus dieser Materie hervorgeht und mit ihr verschwindet. Aber die Ratlosigkeit bleibt: unmöglich, dieses Fieber zu erklären, diesen ständigen Tanz, diese Vorführung, dieses Schauspiel, das das Leben sich selbst gibt. Was für ein Theater ist doch der Atem! (G 107)

Wären wir doch, verlaust und heiter, in der Gesellschaft der Tiere geblieben, hätten wir uns doch noch ein paar Jahrtausende mit ihnen zusammen in Fäulnis gewälzt, hätten den Geruch der Ställe eingeatmet und nicht den der Laboratorien, wären an unseren Krankheiten gestorben und nicht an unseren Heilmitteln, hätten unsere leere Mitte umkreist und wären sanft darin versunken! (AZ 33)

Kein Unterschied zwischen dem Sein und dem Nichtsein, wenn man sie mit der gleichen Intensität erfaßt. (NG 17)

Über die Existenz zu lästern ist bei mir weder Laune noch Gewohnheit, sondern Therapie. Das hilft mir, ich habe diese Erfahrung schon zigmal gemacht. Um nicht der Angst und dem Entsetzen zu erliegen, verabscheue ich das, was beide hervorruft. (CA 55)

Existieren ist eine Angewohnheit, und ich werde die Hoffnung nicht aufgeben, sie mir zu eigen zu machen. (DS 251)

Ich war, ich bin, ich werde sein: das ist ein Problem der Grammatik, nicht der Existenz. Soweit es ein Karneval in der Zeit ist, läßt das Schicksal sich konjugieren; ohne Maske erweist es sich als ebenso reglos und nackt wie ein Epitaph. (LZ 69)

Existieren wäre ein völlig unmögliches Unterfangen, wenn man aufhörte, dem Bedeutung zuzumessen, was keine hat. (NG 87)

Es gibt keine andere Welt. Es gibt nicht einmal diese Welt. Was gibt es dann? Das innere Lächeln, das die offenkundige Inexistenz der einen und der anderen in uns hervorruft. (G 125)

Die Welt ist nur ein Vorwand. Wir müssen an irgend etwas denken – sie haben wir als Denkstoff gewählt. Darum verpaßt der Verstand keine Gelegenheit, sie zu zersetzen. (TH 75)

Buddha war ein Optimist. Wie ist es möglich, daß er nicht bemerkt hat, daß das Leiden Sein wie Nichtsein bestimmt? Denn Existenz oder Nichts »sind« nur durch das Leiden. Was ist die Leere anderes als ein fehlgeschlagenes Verlangen nach Schmerz? Das Nirwana entspricht einem Leidzustand, der ätherischer ist, einer vergeistigteren Stufe der Qual. Die *Abwesenheit* kann ein Defizit an Existenz bedeuten, nicht aber an Schmerz, denn der Schmerz geht allem voraus – das Universum mit inbegriffen. (TH 75)

Alles ist Maske, nur der Tod nicht. (DS 219)

In bestimmten asiatischen Ländern, in Laos zum Beispiel, kommt es vor, daß man nach einer schweren Krankheit seinen Namen ändert. Welch ein Weitblick am Anfang eines solchen Brauchs! In der Tat, man müßte nach jeder wichtigen Erfahrung seinen Namen ändern. (G 97)

Mitten in der Nacht, in ein frivoles Buch vertieft, denke ich auf einmal an einen seit langem dahingegangenen Freund, dessen Urteil mir wichtig war. Was würde er sagen, wenn er sähe, wie ich meine späten Stunden verwende? Nur der Standpunkt der Toten sollte zählen, denn er allein ist wahr, wenn man überhaupt in irgendeiner Situation von Wahrheit sprechen kann. (G 121)

Jeder uralte Mensch, der sein Leben zusammenfaßt, kann sich ebenso sagen: »Ich bin zufrieden damit, existiert zu haben«, wie auch: »Es wäre besser gewesen, nicht geboren zu sein«. Beide Reaktionen sind gleichermaßen legitim und gleichermaßen *tiefgründig*. (CA 212)

Sich in sich zurückziehen und dort ein Schweigen wahrnehmen, das so alt ist wie das Sein, sogar noch älter. (NG 74)

Was soll man von den anderen halten? – Ich stelle mir die Frage jedesmal, wenn ich irgend jemand kennenlerne. So seltsam erscheint es mir, daß man existiert und es hinnimmt zu existieren. (G 134)

Verglichen mit der Alltäglichkeit des Nichtseins, welches Wunder ist doch das Sein! (DS 251)

Handeln heißt: sich auf Kosten des Seins an Besonderheiten des Seins klammern, zum Schaden der Realität eine Form von Realität festhalten. Der Grad von Freiheit, den wir erringen, bemißt sich nach der Anzahl der Verpflichtungen, aus denen wir uns gelöst haben, ebenso wie nach unserer Fähigkeit, jeden Gegenstand in einen Nichtgegenstand umzuwandeln. (DS 14)

Die Denker aus erster Hand meditieren über die Dinge; die anderen über Probleme. Man muß angesichts des Seins, nicht des Geistes leben. (NG 37)

Wir gewinnen an Bewußtsein, was wir an Existenz verlieren.

Was unsere Übel uns an Sein verlieren lassen, gewinnen wir an Bewußtsein. (Akzente 351)

Der Vorzug zu altern ist, daß man aus nächster Nähe den langsamen und methodischen Verfall der Organe beobachten kann; sie alle beginnen zusammenzubrechen, einige sichtbar, andere auf eine diskretere Art. Sie lösen sich vom Körper ab, wie der Körper sich von uns ablöst: er entgleitet uns, kehrt sich von uns ab, gehört uns nicht mehr. Ein Fahnenflüchtiger, den wir nicht einmal anzeigen können, da er sich nirgendwo aufhält und in niemandes Diensten steht. (CA 260)

Alles reduziert sich schließlich auf die Begierde und die Abwesenheit von Begierde. Der Rest ist Nuance. (VS 113)

Porträt

Neben derjenigen der Mystiker und Moralisten gehört noch eine dritte, vornehmlich in Frankreich gepflegte Tradition zu Ciorans bevorzugten Lektüren: die sogenannten mémoralistes. *Cioran hat ihnen einen Essay gewidmet, und ein Jahr nach seinem Tod ist bei seinem französischen Hausverlag Gallimard eine von ihm noch zusammengestellte und bislang unübersetzte* Anthologie du portrait. De Saint-Simon à Tocqueville *erschienen. Das Genre der sogenannten* mémoralistes *ist die Lebensbeschreibung, genauer die verkürzte Biographik, das anekdotisch zugespitzte und nicht selten pointenträchtige Kurzporträt. Hierzulande ist diese Kunstform – von Franz Blei abgesehen – wenig bekannt bzw. gepflegt worden. Der Möglichkeit, den individuellen Schattenriß eines Menschen gewissermaßen aphoristisch zu kondensieren, hat Cioran nicht nur als Essayist, Kommentator und Herausgeber Aufmerksamkeit geschenkt; er hat selbst von ihr Gebrauch gemacht, auf seine eigene Weise. Es gehört zum Reiz dieser konzentrierten Prosaskizzen, das Verhältnis, das zwischen Porträtisten und Porträtiertem besteht, eigens zu betrachten. Im Fall des* Paulus *merkt Cioran in einer späten aphoristischen Notiz an:* »In meinen Wutausbrüchen fühle ich mich dem heiligen Paulus fatal nahe. Meine Affinitäten mit den Besessenen, mit all denen, die ich verabscheue. Wer hat jemals seinen Antipoden derart geähnelt?« *Als Popensohn, der von Kindesbeinen an gewissermaßen durch einen Nachfolger des* Paulus *geprägt worden ist und das Anmaßende einer monotheistischen Religion wie des Christentums aus nächster Nähe erfahren hat, attackiert Cioran in diesem temperamentsverwandten ›Antipoden‹ einen eigenen Anteil. Daß er dabei einen energischen und beinahe pamphletistischen Duktus wählt, paßt zu Gegen-*

stand und Anlaß dieser Porträtskizze. Ganz anders ist die Relation zwischen Schreiber und Beschriebenem im Fall von Samuel Beckett *und* Benjamin Fondane. *Mit beiden war Cioran persönlich bekannt; mit* Beckett *sogar über Jahrzehnte befreundet. In* Beckett *porträtiert Cioran das ganz Andere, das charakterlich beinahe Gegensätzliche und damit auch den Gegentypus zu dem antidiskreten* Paulus. *Und in* Fondane, *dem gebürtigen Moldavier und damit Kompatrioten Ciorans, der in einem Vernichtungslager vergast wurde, zeichnet Cioran in wenigen und intensiven Strichen das geistige und konkrete Antlitz eines verwandten Denkers – parabolische Züge eines Alter ego.*

Paulus

Niemals genug werden wir ihm vorwerfen, daß er aus dem Christentum eine unvornehme Religion gemacht hat; er hat es zu den verabscheuungswürdigsten Traditionen des Alten Testaments zurückgeführt: Intoleranz, Brutalität, Provinzialismus. Mit welcher Taktlosigkeit mischt er sich in Dinge, die ihn nichts angehen und von denen er nicht das geringste versteht. Seine Betrachtungen über die Jungfräulichkeit, die Enthaltsamkeit und die Ehe sind einfach widerwärtig. Für unsere Vorurteile in Religion und Moral ist er verantwortlich, er hat die Normen der Stupidität festgelegt und die Beschränkungen vervielfacht, die noch immer unsere Instinkte lähmen.

Von den alten Propheten hat er weder den Lyrismus noch den elegischen und kosmischen Ton, dafür aber den Sektierergeist und alles, was bei ihnen schlechter Geschmack war, Geschwätz, Gefasel zum Nutzen der Mitbürger. Am heftigsten interessierten ihn die Sitten. Kaum spricht er davon, schon zittert er vor Bosheit. In seinem Kopfe spukt die Stadt, die bürgerliche Ordnung, die alte, die er zerstören will, ebenso wie die neue, die er aufbauen will; den Beziehungen zwischen den Menschen und Gott widmet er weniger Aufmerksamkeit als denen der Menschen untereinander. Man braucht nur einmal die berühmten *Briefe* näher zu betrachten: In ihnen wird man keine Anwandlung von Entspanntheit und Feingefühl, keinen Moment innerer Sammlung und Vornehmheit wahrnehmen können; da gibt es nichts als keuchende Wut, Hysterie gemeiner Art, Unverständnis für das Ziel des Erkennens, für die Einsamkeit des Erkennens. Überall nur Mittelspersonen, Verwandtschaftsbande, Familiengesinnung: Vater, Mutter, Sohn, Engel, Heilige; keine Spur von Intellektualität, kein genau bestimmter Begriff, niemand, der *begreifen* möchte. Sünden, Belohnungen, Buchführung der Laster und der Tugenden. Eine Religion ohne Wißbegier: eine Orgie des Anthropomorphismus. Der Gott, den er uns aufdrängen will, bringt mich zum Erröten; es ist geradezu eine Pflicht, ihn zu disqualifizieren: an dem Punkte, wo er sich befindet, kann er sich ohnehin nicht halten.

Weder Lao-tse noch Buddha berufen sich auf ein identifizierbares Wesen; sie mißachten die Winkelzüge des Glaubens und laden uns zum Meditieren ein. Damit diese Meditation sich nicht im Leeren dreht, setzen sie ihr ein Ziel: das Tao oder das Nirwana. Sie hatten eine andere Vorstellung vom Menschen.

Wie sollen wir meditieren, wenn wir alles auf ein höchstes ... *Individuum* beziehen müssen? Mit Psalmen und Gebeten erforscht man nichts und entdeckt man nichts. Nur aus Faulheit personifiziert man die Gottheit und betet sie an. Die Griechen erwachten zur Philosophie in dem Zeitpunkt, wo ihre Götter ihnen ungenügend erschienen; der Begriff beginnt dort, wo der Olymp endet. Denken heißt aufhören zu verehren, heißt sich auflehnen gegen ein Geheimnis, dessen Konkurs man anmeldet.

Wenn der Konvertit sich eine Doktrin zu eigen macht, die ihm fremd gewesen war, meint er, einen Schritt zu seiner Selbstverwirklichung getan zu haben, während er doch nur seinen Schwierigkeiten ausgewichen ist. Um der Unsicherheit – seiner dominierenden Empfindung – entgehen zu können, gibt er sich der ersten besten Idee hin, die der Zufall ihm anbietet. Einmal im Besitz der vermeintlichen »Wahrheit«, wird er für seine früheren Ungewißheiten, seine früheren Ängste an den anderen Rache nehmen. Dies war der Fall beim heiligen Paulus, diesem typischen Konvertiten. Sein großsprecherisches Gehabe vermochte eine Beklommenheit nicht ganz zu verhehlen; vergeblich strengte er sich an, über sie zu triumphieren.

Wie alle Neophyten meinte er durch seinen neuen Glauben seine Natur zu verändern und jene geistigen Schwankungen zu besiegen, deren Kenntnis er seinen Korrespondenten und Hörern wohlweislich vorenthielt. Sein Spiel kann uns nicht täuschen. Viele ließen ihren Geist davon einfangen. Allerdings geschah dies in einer Epoche, als man die »Wahrheit« suchte und sich nicht für *Fallstudien* interessierte. In Athen fand unser Apostel einen schlechten Empfang, er sah sich einer Welt gegenüber, die seinen Hirngespinsten Widerstand leistete: dort nämlich pflegte man noch zu *diskutieren*, der Skeptizismus hatte noch lange nicht abgedankt, sondern verteidigte seine Stellungen. Die christlichen Schnurrpfeifereien konnten dort keinen Beifall finden; dafür mußten sie ihre Verführungskraft in Korinth bewähren, dieser seichten und liederlichen Stadt, die sich um Dialektik nicht kümmerte.

Die Plebs will durch Invektiven, Drohungen und Offenbarungen, durch schallende Redensarten betäubt werden: sie liebt die Maulhelden. Paulus war einer, der inspirierteste, der begabteste, der pfiffigste des ganzen Altertums. Heute noch klingt der Widerhall des Lärmes, den er anschlug, in den Ohren. Er verstand es, sich auf die Bühne zu stellen und seine Wutausbrüche zu deklamieren. Hat er nicht in die griechisch-römische Welt einen Jahrmarktston eingebracht? Die Weisen seiner Zeit empfahlen das Schweigen, den Verzicht, die Hingabe, lauter unausführbare Dinge; er war geschickter, er kam mit appetitanregenden Rezepten: solchen, die dem Gesindel Heil bringen und die Elite der Feinfühligen demoralisieren. Seine Rache für Athen war vollständig. Hätte er dort triumphiert, würden seine Gehässigkeiten sich vielleicht gemildert haben. Nie hatte eine Niederlage gravierendere Konsequenzen. Daß wir verstümmelte, zerschmetterte, gekreuzigte Heiden sind, Heiden, die eine tiefe, unvergeßliche Vulgarität durchgemacht haben, eine Vulgarität, die zweitausend Jahre gedauert hat, das verdanken wir dieser Niederlage.

Ein nichtjüdischer Jude, ein pervertierter Jude, ein Verräter. Daher der Eindruck von Unaufrichtigkeit, der sich aus seinen Aufrufen, seinen Ermahnungen, seinen Beschimpfungen ergibt. Er ist verdächtig: er gibt sich allzu *überzeugt*. Man weiß nicht, von welcher Seite man ihm beikommen, wie man ihn definieren soll; an einen Kreuzweg der Geschichte gestellt, war er vielfältigen Einflüssen ausgesetzt. Nachdem er lange zwischen mehreren Wegen geschwankt hatte, traf er schließlich seine Wahl, indem er einen einzigen einschlug, den *Heilsweg*. Leute seiner Art lieben die sicheren Chancen: in ihrem Kopf spukt die Nachwelt, das Echo ihrer Taten, und wenn sie sich für eine Idee opfern, dann als *wirkungsträchtige* Opfer.

Wenn ich nicht mehr weiß, über wen ich mich ärgern soll, öffne ich die *Briefe*, und gleich bekomme ich Gewißheit. Jetzt habe ich meinen Mann. Er versetzt mich in Ekstase, bringt mich zum Zittern. Um ihn ganz aus der Nähe, als Zeitgenossen, hassen zu können, überspringe ich zwanzig Jahrhunderte und folge ihm auf seinen Reisen; seine Erfolge entmutigen mich, die Martern, die man ihm auferlegt, erfüllen mich mit Behagen. Das Hirnfieber, das er mir mitteilt, wende ich gegen ihn. Leider verfuhr das Imperium nicht auf diese Weise.

Eine im Innersten verfaulte Zivilisation paktiert mit ihrer Krankheit, sie liebt das Virus, von dem sie verzehrt wird, sie respektiert sich nicht mehr, sie läßt ihren Paulus herumreisen ... Eben dadurch erklärt sie sich für besiegt, wurmstichig, erledigt. Der Aasgeruch ködert und erregt die Apostel, diese lüsternen und redseligen Totengräber.

Eine Welt voll Pracht und Licht brach zusammen vor der Aggressivität dieser »Feinde der Musen«, dieser Hirnverbrannten, die uns noch heute eine mit Widerwillen vermischte Panik einflößen. Das Heidentum behandelte sie mit Ironie, also einer nicht-offensiven Waffe, die zu nobel war, um eine allen Nuancen feindliche Horde in ihre Schranken zu weisen. Der vernünftelnde Kulturmensch kann sich nicht mit dem betenden Böotier messen. In den Hochzonen der Verachtung und des Lächelns erstarrt, wird er beim ersten Angriff unterliegen, denn die Dynamik ist ein Privileg des Abschaums und kommt immer von unten.

Die Schrecken des Altertums waren tausendmal besser als die Schrecken des Christentums. Diese fiebernden Gehirne, diese Seelen voll abgeschmackter Reue, diese Abbruchfanatiker im Kampf gegen den Annehmlichkeitstraum einer späten Gesellschaft, sie machten sich daran, das Bewußtsein zu mißhandeln und daraus das »Herz« zu machen. Der kompetenteste von ihnen ging dabei mit einer Perversität vor, die zunächst die denkenden Menschen abstieß, sie aber in der Folge prägen, sie tief erschüttern und in eine unaussprechliche Unternehmung verwickeln sollte.

Die griechisch-römische Zeitendämmerung wäre dennoch eines anderen Feindes würdig gewesen, einer anderen Verheißung, einer anderen Religion. Wie kann man auch nur den Schatten eines Fortschrittes gelten lassen, wenn man daran denkt, daß die christlichen Fabeln mühelos den Stoizismus zu ersticken vermochten! Wenn es diesem gelungen wäre, sich zu verbreiten, sich der Welt zu bemächtigen, dann wäre der Mensch zu seinem Ziele gekommen, oder doch beinahe. Die obligatorisch gewordene Entsagung hätte uns gelehrt, unsere Verhältnisse mit Würde auf uns zu nehmen, unsere Stimmen zum Schweigen zu bringen, unser Nichts mit kühlem Gleichmut ins Auge zu fassen. Wäre dann die Poesie aus unserem Leben verschwunden? Zum Teufel mit der Poesie! Statt dessen hätten wir die Fähigkeit erworben, unsere Prüfungen ohne Murren zu ertragen. Niemanden zu beschuldigen, weder der Traurigkeit noch der Freude, noch der Sehnsucht nachzugeben, unsere Beziehungen zum Universum auf ein harmonisches Spiel von Niederlagen zu reduzieren, als heitere Verdammte zu leben, die Gottheit nicht anzuflehen, ihr eher ein Warnungszeichen zukommen zu lassen ... Das konnte nicht sein. Der Stoizismus, von allen Seiten überschwemmt, aber seinen Prinzipien treu, war vornehm genug, zu sterben, ohne sich zu wehren. Eine Religion gründet sich auf den Ruinen einer Weisheit: die von jener gebrauchten Methoden würden kaum zu dieser passen. Die Menschen werden es immer vorziehen, auf den Knien zu verzweifeln als in aufrechter Haltung. Ihr Heilsverlangen kommt aus ihrer Feigheit, ihrer Ermüdung, aus der Unfähigkeit, sich zum Trostverzicht aufzuschwingen und darauf stolz zu sein. Schande über den, der sich von den gleichen Hoffnungen zum Tode geleiten läßt, die ihm das Leben ermöglichten. Sollen die Massen und die Massenredner ihrem »Ideal« entgegenkriechen und darin versinken! Die Einsamkeit ist weniger eine Gabe als eine Aufgabe: sich zu ihr erheben und sie auf sich nehmen heißt auf die Hilfe der Niedrigkeit verzichten, die jeder Unternehmung Erfolg verspricht, sei sie religiös oder anders geartet. Wenn man die Geschichte der Ideen, der Taten, der Lebensformen rekapituliert, wird man erkennen: Die *Zukunft* war immer im Bündnis mit der Horde. Man hält keine Predigten im Namen von Mark Aurel: er wandte sich nur an sich selbst, hatte weder Schüler noch Jünger, dagegen hört man nicht auf, Tempel zu errichten, in denen man gewisse *Briefe* bis zum Überdruß zitiert. Solange es so bleibt, werde ich mit meinem ganzen Ingrimm den verfolgen, dessen Arglist es fertigbrachte, uns für seine Selbstquälereien zu interessieren. (DS 188-194)

Samuel Beckett

Um jenen *abgesonderten* Menschen zu entschlüsseln, der Beckett ist, müßte man sich eingehend mit der Redewendung »sich abseits halten«, stillschweigende Devise jeder seiner Augenblicke, befassen, mit dem, was sie an Einsamkeit und unterschwelligem Eigensinn voraussetzt, ferner mit dem Wesen eines Menschen, der außerhalb steht und einer unerbittlichen und endlosen Aufgabe nachgeht. Im Buddhismus heißt es, derjenige, der nach Erleuchtung strebt, müsse so versessen-hartnäckig sein wie »die Maus, die einen Sarg zernagt«. Ähnliche Anstrengungen leistet jeder echte Schriftsteller. Er ist ein Zerstörer und ein *Mehrer* der Existenz, er bereichert sie, indem er sie untergräbt.

»Die Zeit, die wir auf Erden zu verbringen haben, ist nicht lang genug, daß wir sie für etwas anderes einsetzen als für uns selbst.« Dieses Wort eines Dichters ist jedem zuzuschreiben, der das Äußerliche, das Akzidentelle, *das Andere* ablehnt. Beckett oder die unerreichte Kunst, man selber zu sein. Dabei: Kein offensichtlicher Stolz, keinerlei Stigma eines Bewußtseins, das sich einzigartig weiß; wenn das Wort Zuvorkommenheit nicht existierte, müßte man es für ihn erfinden. Kaum glaublich, ungeheuerlich: Er schwärzt niemanden an, ignoriert die hygienische Wirksamkeit der Gehässigkeit, ihre heilsamen Kräfte, ihre Funktion als Ventil. Nie hat er in meiner Gegenwart Freund oder Feind verrissen. Das ist eine Form von Überlegenheit, derentwegen ich ihn zutiefst bedauere und worunter er selber unbewußt leiden muß. Würde man mich vom Lästern abhalten – welche Unruhe, welche Nöte und Komplikationen stünden mir in Aussicht!

Beckett lebt nicht in der Zeit, sondern parallel zu ihr. Deshalb ist es mir nie in den Sinn gekommen, ihn nach seiner Meinung zu irgendeinem Ereignis zu fragen. Er gehört zu jenen Wesen, die die Vorstellung erwecken, die Geschichte sei eine Dimension, deren der Mensch hätte entbehren können.

Gliche er seinen Helden, hätte er also überhaupt keinen Erfolg gehabt: er würde genau derselbe sein. Er erweckt den Eindruck, sich nicht im geringsten behaupten zu wollen, ebenso fremd dem Erfolg wie dem Scheitern gegenüber zu sein. »Wie schwierig es ist, ihn zu entziffern! Welches Format er hat!« sage ich mir jedesmal, wenn ich an ihn denke. Selbst wenn er wirklich kein Geheimnis verbergen würde, bliebe er für mich der Unergründliche.

Ich stamme aus einer Ecke Europas, in der Ausbrüche, Hemmungslosigkeit, Mitteilungsbedürfnis, spontane, nicht erbetene Geständnisse an der Tagesordnung sind, in der man alles über alle weiß, das Gemeinschaftsleben einer öffentlichen Beichte ähnelt, gerade das Geheimnis unvorstellbar ist und die Geschwätzigkeit an das Delirium grenzt. Dieses alles würde schon genügen, um zu erklären, warum gerade mich ein so übernatürlich diskreter Mensch faszinieren mußte.

Die Zuvorkommenheit schließt das Außersichgeraten nicht aus. Als man ihn einmal während eines Abendessens bei Freunden mit unnötig gelehrten Fragen über ihn selbst und sein Werk bedrängte, flüchtete er in ein totales Schweigen und drehte uns schließlich den Rücken zu – oder beinahe. Kaum war das Abendessen beendet, als er schon aufstand und fortging, verschlossen und düster, wie man es vor einer Operation oder einem brutalen Verhör sein kann.

Vor ungefähr fünf Jahren, als ich ihn zufällig in der Rue Guynemer traf und er mich fragte, ob ich arbeite, erwiderte ich, die Lust an der Arbeit sei mir abhanden gekommen, ich sähe nicht die Notwendigkeit ein, mich zu manifestieren, etwas zu »produzieren«. Das Schreiben sei mir zu einer Qual geworden ... Er schien erstaunt zu sein, und ich selber war es noch mehr, als er ausgerechnet in bezug auf das Schreiben von *Vergnügen* sprach. Hat er wirklich dieses Wort gebraucht? Ja, ich bin sicher. Zur gleichen Zeit dachte ich daran, daß er mir bei unserer ersten Begegnung zehn Jahre zuvor in »La Closerie des Lilas« seinen großen Überdruß gestanden hatte, sein Gefühl, nichts sei mehr aus den Wörtern herauszulocken.

... Die Wörter, wer hat sie wohl mehr geliebt als er? Sie sind seine Gefährten, sein einziger Halt. Man fühlt, daß er, für den keine Gewißheit standhält, mitten unter ihnen bestehen kann, seine Anwandlungen von Mutlosigkeit fallen vermutlich mit den Augenblicken zusammen, in denen er aufhört, an sie zu glauben, oder denkt, daß sie ihn im Stich lassen, ihn fliehen. Wenn sie verschwinden, bleibt er entblößt, geradezu nackt zurück, hat keinen Standpunkt mehr. Ich bedaure, nicht alle Stellen angestrichen und gezählt zu haben, wo er sich auf Wörter bezieht, sich um sie bemüht: »Tropfen des Schweigens, die durch das Schweigen fallen«, wie es in *Der Namenlose* heißt. Sinnbilder der Hinfälligkeit, die in unzerstörbare Stützen verwandelt wurden.

Der französische Text *Sans* heißt im Englischen *Lessness*, ein von Beckett geprägtes Wort, so wie er im Deutschen das entsprechende *Losigkeit* gebildet hat. Dieses Wort *Lessness* hatte mich ganz in seinen Bann geschlagen, und so sagte ich eines Abends zu Beckett, ich würde mich nicht schlafen legen, ehe ich nicht im Französischen einen entsprechenden Ausdruck gefunden hätte ... Wir hatten gemeinsam alle möglichen Spielarten in Betracht gezogen, die *sans* und *moindre* suggerieren. Keine schien uns dem unerschöpflichen *Lessness* nahezukommen, dieser Mischung aus Entzug und Unendlichem, der Leerheit als Synonym von Apotheose. Recht enttäuscht gingen wir auseinander. Zu Hause fuhr ich fort, in meinem Kopfe dieses arme *sans* hin- und herzuwenden. Als ich es schon aufgeben wollte, kam mir die Idee, man müsse im Umkreis des lateinischen *sine* suchen. Am nächsten Morgen schrieb ich Beckett, *sinéité* scheine mir das erträumte Wort zu sein. Er antwortete mir, er habe auch daran gedacht, vielleicht sogar im selben Augenblick wie ich. Unser Einfall war aber, das muß ich zugeben, kein wirklicher Fund. Wir kamen also überein, ein weiteres Suchen einzustellen, da es kein französisches Substantiv gebe, das imstande sei, die Abwesenheit an sich auszudrücken, und uns mit der metaphysischen Unzulänglichkeit einer Präposition abzufinden.

Mit Schriftstellern, die nichts zu sagen haben, keine eigene Welt besitzen, spricht man nur über Literatur. Mit Beckett nur ganz selten, im Grunde fast nie. Das erstbeste alltägliche Gesprächsthema (praktische Probleme, Ärger jeder Art) interessiert ihn weit mehr – in der Unterhaltung wohlverstanden. Was er keineswegs leiden kann, sind Fragen wie: Glauben Sie, daß dieses oder jenes Werk überdauern wird? Verdient X oder Y den Platz, der er einnimmt? Wer von beiden wird überleben? Welcher ist bedeutender? Diese Art von Bewertung nervt und deprimiert ihn. »Wozu all das?« sagte er mir nach einem besonders mühsamen Abendessen, bei dem das Tischgespräch einer grotesken Version des Jüngsten Gerichtes geähnelt hatte. Er vermeidet es, sich zu den eigenen Büchern und Theaterstücken zu äußern. Wichtig sind für ihn nicht die überwundenen, sondern die noch zu überwindenden Hindernisse; er verschmilzt total mit dem, was er gerade tut. Fragt man ihn etwas zu einem seiner Stücke, so geht er gewiß nicht auf den Inhalt oder die Bedeutung ein, sondern auf die Darstellung, deren Einzelheiten er sich Minute für Minute, ich hätte fast Sekunde für Sekunde gesagt, ausführlich vorstellt. Ich werde nie vergessen, mit welcher Inbrunst er mir die hohen Anforderungen auseinanderlegte, denen eine Schauspielerin gewachsen sein muß, die *Nicht ich* spielen möchte, ein Stück, in dem einzig eine atemlose Stimme den Raum beherrscht, geradezu selber Raum wird. Welch Glanz in seinen Augen, als er diesen winzigen und zugleich ausufernden, allgegenwärtigen Mund *sah*! Man hätte meinen können, er wohne der letzten Metamorphose, dem allerletzten Sichverheddern der Pythia bei!

Da ich mein Leben lang ein Liebhaber von Friedhöfen gewesen bin und weiß, daß Beckett sie auch sehr mag (*Erste Liebe* setzt mit der Beschreibung des Hamburger Friedhofs ein), erzählte ich ihm, als wir uns letzten Winter in der Avenue de l'Observatoire trafen, von einem Spaziergang, den ich kürzlich auf dem Père-Lachaise gemacht hatte, und wie überaus empört ich gewesen war, als ich nicht den Namen von Proust auf der Liste der dort beigesetzten Persönlichkeiten gefunden hatte. (Becketts Name, nebenbei gesagt, begegnete mir zum erstenmal vor ungefähr dreißig Jahren, als ich in der Amerikanischen Bibliothek eines Tages sein Bändchen über Proust entdeckte.) Ich weiß nicht, wie wir auf Swift kamen, obwohl, wenn ich es mir genauer überlege, der Übergang, wenn man an den düsteren Grundton seiner Spötterei denkt, eigentlich nicht verwunderlich ist. Beckett sagte mir, er lese gerade wieder *Gullivers Reisen* und habe eine Vorliebe für das Land der Houyhnhnms, ganz besonders für die Szene, wo Gulliver beim Nahen eines weiblichen Yahoo rasend vor Schrecken und Abscheu ist. Durch ihn erfuhr ich – was für mich eine große Überraschung, sogar eine Enttäuschung war –, daß Joyce Swift nicht mochte. Übrigens, fügte er hinzu, besaß Joyce, im Gegensatz zu dem, was immer geglaubt wird, keinerlei Hang zur Satire. »Er begehrte nie auf, war ganz losgelöst, haftete an nichts, nahm alles hin. Für ihn *bestand kein Unterschied zwischen dem Fallen einer Bombe und dem Fallen eines Blattes* ...«

Eine überaus treffende Bemerkung, die wegen ihrer Schärfe und sonderbaren Dichte mich an diejenige von Armand Robin erinnerte, der auf meine Frage »Warum haben Sie, der so viele Dichter übertragen hat, sich nicht von Tschuang-Tse verlocken lassen, dem von Poesie am meisten durchdrungenen Weisen?« mir erwiderte: »Ich habe oft daran gedacht, aber wie soll man ein Werk übersetzen, das nur mit der *nackten Landschaft Nord-Schottlands* zu vergleichen ist?«

Wie oft hat mich, seitdem ich Beckett kenne, die Frage verfolgt (eine ziemlich dumme Frage, muß ich gestehen), in welchem Verhältnis er zu den Gestalten seiner Werke stehen mag. Was hat er mit ihnen gemeinsam? Kann man sich eine radikalere Diskrepanz vorstellen? Soll man annehmen, daß nicht nur ihre, sondern auch seine Existenz in jenem »bleiernen Licht« badet, von dem in *Malone stirbt* die Rede ist? Mehr als eine seiner Textseiten wirkt auf mich wie ein Monolog *nach* dem Ende irgendeiner kosmischen Periode. Das Gefühl, in ein posthumes Universum einzudringen, in die von einem Dämon herbeigewünschte Geographie, einem Dämon, der von allem befreit ist, sogar von seinem eigenen Fluch!

Wesen, die selber nicht wissen, ob sie leben, Beute einer unermeßlichen Müdigkeit sind, einer Müdigkeit, *die nicht von dieser Welt ist* (um eine Sprache zu benutzen, die Beckett widerstrebt), all sie wurden von einem Menschen geschaffen, dessen Verletzbarkeit man ahnt und der aus scheuer Zurückhaltung die Maske der Unverletzbarkeit trägt. – Vor nicht langer Zeit wurde mir blitzartig klar, welche Zusammenhänge zwischen diesen Gestalten und ihrem Urheber, ihrem Komplizen bestehen ... Was ich damals einsah, eher fühlte, wüßte ich nicht in eine begriffliche Formel zu fassen. Seitdem läßt mich aber die geringste Äußerung seiner Helden an die Modulationen einer gewissen Stimme denken ... Ich beeile mich jedoch hinzuzufügen, daß eine Erleuchtung, eine Offenbarung genauso hinfällig und trügerisch sein kann wie eine Theorie!

Seit unserer ersten Begegnung habe ich verstanden, daß er das *Äußerste* erreicht hat, daß er vielleicht sogar damit begonnen hat, mit dem Unmöglichen, Außergewöhnlichen, dem Ausweglosen. Bewundernswert ist, daß er nicht davon *abgewichen* ist, daß er, der gleich zu Beginn vor eine Mauer geraten ist, dort ebenso mutig, wie er schon immer war, ausharrt. Die Grenzsituation als *Ausgangspunkt*, das Ende als Beginn! Daher rührt dieses Gefühl, daß seine Welt, diese zerquälte, dahinsterbende Welt, unendlich fortdauern könnte, selbst wenn die unsrige untergeht.

Die Philosophie Wittgensteins liegt mir nicht besonders, aber der Mensch fesselt mich ausgesprochen. Alles, was ich über ihn lese, berührt mich. Mehrmals habe ich gemeinsame Züge zwischen ihm und Beckett entdeckt. Zwei geheimnisvolle Erscheinungen, zwei Phänomene, bei denen man erfreut ist, daß sie so verwirrend, so unergründlich sind. Bei beiden der gleiche Abstand zu den Menschen und zu den Dingen, die gleiche Unbeugsamkeit, die gleiche Versuchung des Schweigens, der endgültigen Absage an das Wort, der gleiche Wille, auf unerahnte Grenzen zu stoßen. Zu anderen Zeiten wären beide von der Wüste angelockt worden. Man weiß heute, daß Wittgenstein eine Zeitlang vorhatte, in ein Kloster einzutreten. Und Beckett kann man sich gut einige Jahrhunderte zuvor vorstellen, in einer kahlen Zelle, die nicht einmal ein Wandkreuz schmückt. Fasele ich daher? Man braucht nur an den fernen, rätselhaften, unmenschlichen Blick zu denken, den er auf manchen Photos hat.

Unsere Anfänge zählen, das ist klar, aber den entscheidenden Schritt auf uns selbst zu vollziehen wir nur, wenn wir keine *Herkunft* mehr haben und für eine Biographie ebensowenig Stoff bieten wie Gott selbst … Es ist bedeutend und zugleich völlig unbedeutend, daß Beckett Ire ist. Falsch ist die Behauptung, er sei ein typischer Angelsachse. Jedenfalls mißfällt ihm diese Äußerung aufs heftigste. Hängt das mit seinen negativen Erinnerungen an den Aufenthalt in London vor dem Krieg zusammen? Ich habe ihn in Verdacht, die Engländer für vulgär zu halten. Dieses Urteil, das er nie formuliert hat, das ich aber jetzt an seiner Statt als Zusammenfassung seiner Vorbehalte, wenn nicht seiner Ressentiments formuliere, könnte ich nicht auf meine Kappe nehmen, um so weniger, als die Engländer mir – balkanisches Trugbild vielleicht – als das in seiner Vitalität am meisten geschädigte, als das gefährdetste Volk vorkommen, also im höchsten Maße verfeinert und kultiviert.

Beckett, der sich erstaunlicherweise in Frankreich ganz zu Hause fühlt, hat in Wirklichkeit nichts gemein mit einer gewissen Sprödigkeit, die eine ausgesprochen französische, sagen wir pariserische Eigenschaft ist. Ist es nicht bezeichnend, daß er Chamfort versifiziert hat? Nicht den ganzen Chamfort, das stimmt, sondern nur einige Maximen. Dieses Unterfangen, bemerkenswert und übrigens schier unvorstellbar (denkt man an das Fehlen des lyrischen Atems, das die skelettartige Prosa der Moralisten kennzeichnet), kommt einem Geständnis gleich, ich möchte fast sagen, einer Proklamation. Ohne es zu wollen, verraten die Verschwiegenen doch immer den Kern ihres Wesens. Becketts Wesen ist so mit Poesie durchdrungen, daß es nicht von ihr zu unterscheiden ist.

Ich halte ihn für ebenso willensstark wie fanatisch. Selbst wenn die Welt zusammenstürzte, würde er weder die angefangene Arbeit abbrechen noch das Thema wechseln. In den wesentlichen Dingen ist er sicher unbeeinflußbar. Was das Übrige, das Unwesentliche betrifft, so ist er wehrlos, vermutlich schwächer als wir anderen, sogar als die Helden seiner Stücke ... Bevor ich diese Notizen schrieb, hatte ich mir vorgenommen, das wiederzulesen, was Meister Eckhart und Nietzsche, jeder aus seiner Sicht, über den »edlen Menschen« geschrieben haben – ich habe meinen Vorsatz nicht ausgeführt, habe aber keinen Augenblick vergessen, daß ich ihn gefaßt hatte. (WK 7-15)

Benjamin Fondane

Sein Gesicht war so durchfurcht, so ausgehöhlt, wie man es sich kaum vorstellen kann, viele Jahrhunderte Geschichte hatten es geprägt. Seine Falten wirkten aber keineswegs starr, versteinert, eine ungeheuer ansteckende und explosive Anspannung kennzeichnete sie. Ich konnte mich nicht daran satt sehen. Niemals zuvor hatte ich eine solche Übereinstimmung von Aussehen und Aussage, von Physiognomie und Wort erlebt. Es ist mir unmöglich, an die geringste Äußerung Fondanes zu denken, ohne nicht sofort die unwiderstehliche Präsenz dieser Züge vor Augen zu haben.

Ich besuchte ihn oft (wir haben uns während der Okkupationszeit kennengelernt) und nahm mir jedesmal vor, nur eine Stunde bei ihm zu bleiben. Daraus wurde aber immer ein ganzer Nachmittag. Das lag natürlich an mir, aber auch an ihm. Er redete gerne, und ich selber hatte nicht den Mut und noch weniger den Wunsch, seinen Monolog zu unterbrechen, der mich gleichzeitig restlos erschöpfte und im Bann hielt. Dennoch war ich es, der unermüdlich redete, als ich ihn zum erstenmal besuchte in der Absicht, ihm einige Fragen über den Philosophen Schestow zu stellen. Dem Bedürfnis zu paradieren, zu protzen nachgebend, stellte ich aber keine einzige, sondern zog es vor, die Gründe meiner Vorliebe für den russischen Philosophen aufzuzeigen, durch den Fondane selber ja weniger geprägt als inspiriert war. Es ist vielleicht zweckmäßig, darauf hinzuweisen, daß Schestow zwischen beiden Weltkriegen in Rumänien sehr bekannt war, seine Bücher fanden dort ein viel glühenderes Publikum als irgendwo anders. Fondane hatte damals selber nichts zu tun, er war sogar hocherstaunt, als er erfuhr, daß einige von uns unten in seinem Vaterland den gleichen Weg gegangen waren wie er. Lag darin nicht etwas Beunruhigendes, viel mehr als ein bloßer Zufall? Das Kapitel, das er in seiner Baudelaire-Studie dem »Ennui« widmete, erschütterte mehr als einen seiner Leser.

Was mich betrifft, so habe ich seine Vorliebe für dieses Thema immer mit seiner moldauischen Herkunft in Zusammenhang gebracht. Moldavia, wie die Rumänen die Provinz zwischen den Karpaten und Bessarabien nennen, ist das Paradies der Neurose; ihr trostloser Zauber ist geradezu unerträglich. 1936 habe ich zwei Wochen in Jassy, der Hauptstadt, verbracht, die mich ohne den Beistand des Alkohols in einen alles zersetzenden Trübsinn versenkt hätten. Fondane zitiert gerne Verse von Bacovia, dem Dichter des moldauischen Überdrusses, der weniger durchtrieben, nicht so subtil verfeinert, aber viel ätzender als der Baudelairesche »Spleen« ist. Es ist mir schleierhaft, wie es so vielen Menschen gelingt, daran nicht zugrunde zu gehen. Die Erfahrung des »Gouffre« (eines der Werke Fondanes heißt *Baudelaire et l'expérience du gouffre*, Paris 1947), des Abgrundes, geht, wie sich zeigt, auf ferne Wurzeln zurück.

Ganz wie Schestow ging er gerne von einem Zitat aus, einfacher Vorwand, auf das er sich ständig berief und von dem aus er überraschende Schlüsse zog. Trotz aller Spitzfindigkeit lag in seinen Ausführungen immer etwas Packendes, Unmittelbares. Subtil, scharfsinnig, das war er wirklich, er trieb sogar seine Scharfsinnigkeit zu weit, das war ganz eindeutig sein Hauptfehler, sein Laster. Er war meistens unfähig, ein Ende zu finden – er hatte die Gabe der Variation. Wenn man ihn so reden hörte, hatte man den Eindruck, er habe Angst vor dem Schlußpunkt. Das war damals in seinen mündlichen Erklärungen und ist heute in seinen Büchern, besonders im *Baudelaire*, ganz offenkundig. Oft hatte er mir gesagt, daß er eine beachtliche Zahl von Seiten daraus streichen müßte. Es ist nicht zu verstehen, warum er es unterlassen hat, zumal dann, wenn man bedenkt, daß er in der ständigen Gewißheit eines unmittelbar einbrechenden Unheils lebte. Er fühlte sich ständig bedroht und war es tatsächlich auch. Vermutlich hatte er sich innerlich mit dem Schicksal, Opfer zu sein, abgefunden, denn ohne diese geheimnisvolle Komplizität mit dem Unausweichlichen und ohne eine gewisse Faszination durch das Tragische ist seine Ablehnung jeder Vorsichtsmaßnahme nicht zu erklären; das mindeste wäre ja gewesen, den Wohnort zu wechseln (seine Concierge soll ihn angezeigt haben). Merkwürdige Sorglosigkeit bei einem Mann, der alles, nur nicht naiv war und dessen psychologische oder politische Urteile eine außergewöhnliche Klarsicht bezeugten. Ich erinnere mich ganz deutlich an einen meiner ersten Besuche. Nachdem Fondane die abgründigen, schwindelerregenden Kapitalfehler Hitlers aufgezählt hatte, beschrieb er, gleichsam in einer visionären Vorwegnahme, den Zusammenbruch Deutschlands, und er tat es so eingehend, daß ich das Gefühl hatte, einem halluzinatorischen Ausbruch beizuwohnen. Das war nur ein »Protokoll« der Zukunft …

In Sachen Literatur teilte ich nicht immer seine Vorlieben. Mit Nachdruck hatte er mir den *Shakespeare* von Victor Hugo empfohlen, ein kaum lesbares Buch, das mich an ein Wort denken läßt, dessen sich kürzlich ein amerikanischer Kritiker bediente, um den Stil der *Tristes Tropiques* zu bezeichnen: *the aristocracy of bombast* – die Erhabenheit des Schwulstigen, des Aufgeblasenen. Das ist ein treffender Ausdruck, nur an dieser Stelle am falschen Platz. Weit besser konnte ich seine Vorliebe für Nietzsche verstehen, dessen raffende Knappheit er sehr schätzte, sie ist ja auch viel dichter als die von Novalis, mit dem er nur teilweise etwas anfangen konnte.

Im Grunde interessierte ihn nicht so sehr das, was ein Autor sagt, sondern das, was er hätte sagen müssen, das, was er *verschweigt*. Damit pflichtete er Schestows Methode bei, d.h. der einer *Pilgerschaft durch Seelen* und nicht durch Lehrmeinungen.

Wie kaum ein anderer war Fondane für Extremfälle, für komplizierte, fesselnde und verschrobene psychische Veranlagungen empfänglich. Einmal erzählte er mir von einem Weißrussen, der davon überzeugt war, daß seine Frau ihn betrüge, und 18 Jahre lang schweigend darunter gelitten hat. Nach so langer Zeit stummen Leids konnte er es nicht mehr aushalten und stellte die Frau zur Rede. Als er nun erfuhr, daß seine Verdächtigungen unbegründet waren, konnte er die Vorstellung, sich jahrelang grundlos gepeinigt zu haben, nicht ertragen. Er verschwand ins Nebenzimmer und erschoß sich.

Als er mir ein anderes Mal von seiner Bukarester Zeit erzählte, gab er mir einen niederträchtigen Artikel zu lesen, den Tudor Arghezi, ein großer Dichter, aber noch größerer Polemiker, gegen ihn geschrieben hatte. Arghezi befand sich damals (es war gleich nach dem Krieg von 1914) aus politischen Gründen im Gefängnis. Fondane, der noch sehr jung war, suchte ihn dort auf, um ein Interview zu machen. Als Gegenleistung machte dieser Kerl ein verzerrtes Porträt von ihm, das so gemein war, daß ich nie verstanden habe, wieso Fondane es über sich bringen konnte, es mir zu zeigen. Manchmal war er von sich selbst ganz abgelöst …

Gewöhnlich war er sehr tolerant, schlug aber ins Gegenteil um, wenn er auf jemanden stieß, der glaubte, eine »Lösung« gefunden zu haben, oder sich zu irgend etwas »bekehrte«. Er schätzte Boris de Schloezer sehr, war aber tief enttäuscht, als er erfuhr, daß der meisterhafte Übersetzer von Schestow zum Katholizismus übergetreten war. Er konnte sich nicht damit abfinden. Dieses Ereignis kam für ihn einem Verrat gleich.

Auf der Suche sein war für ihn mehr als eine Notwendigkeit oder eine Obsession. Rastlos und ununterbrochen auf der Suche zu sein war seine schicksalshafte Bestimmung. Das wurde sogar deutlich in der Art, wie er sich ausdrückte, besonders wenn er sich hinreißen ließ oder sein Reden zwischen Ironie und erregtem Schnauben oszillierte.

Immer werde ich mir vorwerfen, seine Äußerungen nicht notiert zu haben, seine glänzenden Einfälle, die kühnen Gedankensprünge eines Geistes, der in alle Richtungen geht, unaufhörlich im Kampf gegen Tyrannei und Nichtigkeit des Selbstverständlichen steht, auf die eigenen Widersprüche gierig ist und stets Angst davor hat, zum Schluß zu kommen.

Jetzt habe ich ihn wieder deutlich vor Augen, wie er eine Zigarette nach der anderen drehte. Nichts geht, sagte er, über das Vergnügen, sich eine auf nüchternen Magen anzuzünden. Er wollte darauf nicht verzichten, trotz eines Magengeschwürs, um das er sich später einmal kümmern wollte, in einer Zukunft, über die er sich keinerlei Illusionen hingab … Die Frau seines ältesten Freundes sagte mir damals, sie möge ihn nicht so recht, wegen seines, wie sie sagte, »so ungesunden, morbiden Aussehens«. Seine Züge strahlten nicht Wohlbefinden aus, das stimmt, nur, alles an ihm war jenseits von Gesundheit und Krankheit, als ob beide nur Etappen seien, die er längst hinter sich gelassen hatte. Darin glich er einem Asketen, von so erstaunlicher Lebendigkeit und so voller Elan, daß, sobald er sprach, seine Zerbrechlichkeit und Verwundbarkeit völlig vergessen waren. Schwieg er aber, so hatte man den Eindruck, daß er, der trotz allem seinem Schicksal überlegen war, etwas undefinierbar Erbärmliches mit sich herumschleppte, in gewissen Momenten sogar etwas Verlorenes. Der englische Dichter David Gascoyne (der auf seine Weise auch ein tragisches Schicksal erfahren hat) erzählte mir, daß das Bild Fondanes, den er zufällig an demselben Tag, an dem Schestow starb, auf dem Boulevard Saint Michel sah, ihn monatelang nicht losgelassen hat.

Man wird leicht verstehen können, warum eine so fesselnde Gestalt mir, auch nach 33 Jahren, noch so präsent ist und daß ich an der Nummer 6 der Rue Rolin nicht vorbeigehen kann, ohne einen jähen Schmerz zu empfinden.

(WK 55-60)

Paradoxie

Logik war eines der Prüfungsfächer, die der junge Cioran in Bukarest absolvierte. Doch hat er sich durch diese Studien nicht nur mit konsistenten Theorien formaler Schlußfolgerungsweisen und Deduktionen vertraut gemacht, sondern auch – und dies noch intensiver – mit Denkweisen, die sich gewissermaßen »para« *dazu verhielten, wie logischen Zirkelschlüssen, Antinomien und eben* Paradoxien. *Im Laufe seines Lebens und Schreibens hat Cioran von akademischen und abstrakten Betrachtungen Abstand genommen und sich dem zugewandt, was seinem charakterlichen wie denkerischen Temperament mehr entsprach: den existentiellen Dilemmata. In seinen kurzen wie in seinen längeren Texten gleichermaßen entfaltet er eine furiose Widerspruchskultur; ein Gewinn für jeden Leser, der sich nicht von reinen Zuständen oder scheinbar eindeutigen Lösungen anästhesieren lassen will. Die Wahrnehmung der Unbegreiflichkeiten des Lebens nicht durch logische oder ideologische Fassaden zu verstellen, sondern auszuhalten, dazu fordern Ciorans dichte und energische Sentenzen immer wieder auf. Die Paradoxie bildet eine der Grundkonstanten seines Werkes; sie ist allen von ihm verwendeten Gattungen inhärent. Hier werden vor allem kurze und besonders pointierte Beispiele vorgestellt.*

Es ist unglaublich, daß die Aussicht, einen Biographen zu haben, noch keinen darauf verzichten ließ, ein Leben zu haben. (SB 14f.)

Verneinen heißt allerdings Bejahen in der Gegenrichtung. (AZ 48)

Ich liebe das Land – und lebe in einer Großstadt; ich verabscheue den Stil und überwache dennoch meine Sätze; ich bin ein Erz-Skeptiker – und lese hauptsächlich die Mystiker ... so könnte ich unendlich weitermachen.

(CA 177)

Wo Paradoxie aufscheint, erlischt das System und obsiegt das Leben. Durch sie rettet die Vernunft angesichts des Widervernünftigen ihre Ehre. Das Trübe im Leben können nur der Fluch oder der Hymnus ausdrücken. Wer damit nicht umzugehen weiß, dem steht eine einzige Rettung zu Gebote: das Paradoxon – *formales* Lächeln des Irrationalen.

Was ist es aus der Sicht der Logik denn anderes als unberechenbares Spiel und aus der des gesunden Menschenverstandes anderes als theoretische Immoralität? Doch brennen in ihm nicht alle Unlösbarkeiten, Widersinnigkeiten und Widerstreitigkeiten, die das Leben untergründig zerwühlen? Sooft seine ruhelosen Schatten sich der Vernunft anvertrauen – hüllt sie deren Zuflüsterungen in die Eleganz der Paradoxie, um ihre Herkunft zu verschleiern. Ist denn selbst das Salon-Paradox nicht der tiefste Ausdruck, den die Oberflächlichkeit zu affektieren vermag?

Das Paradox ist keine *Lösung*; denn es löst nichts auf. Es kann dem Irreparablen lediglich als Zierde dienen. Mit ihm etwas *berichtigen* zu wollen ist das allergrößte Paradox. Ohne die Enttäuschung der Vernunft kann ich es mir nicht vorstellen. Deren Mangel an Pathos nötigt sie, das Murmeln des Lebens zu belauschen und ihre Autonomie in dessen Deutung aufzuheben. Im Paradoxen hebt die Vernunft sich selbst auf; sie hat ihre Grenzen geöffnet und kann dem Überfall wallender und zuckender Irrtümer nicht mehr Einhalt tun.

Theologen sind Schmarotzer des Paradoxons. Ohne seinen unbewußten Gebrauch hätten sie die Waffen längst strecken müssen. Der religiöse Skeptizismus ist seine *bewußte* Ausübung.

Alles, was die Vernunft nicht fassen kann, ist Grund zum Zweifeln; aber in ihr *ist* nichts. Daher der fruchtbare Aufschwung des paradoxen Denkens, das Inhalt in die Formen goß und die Absurdität in öffentlichen Umlauf brachte.

Das Paradoxe verleiht dem Leben den Zauber ausdrucksfähiger Absurdität, gibt ihm das zurück, was es ihm von Anfang an beigelegt hat. (GD 14 f.)

Verzweiflung: *Negative* Form der Begeisterung. (BT 97)

Das ganze Geheimnis des Lebens läuft darauf hinaus, daß es keinerlei Sinn hat; daß aber jeder von uns dennoch einen ausfindig macht. (GD 7)

Alles, was geschieht, ist natürlich und unbegreiflich zugleich.

Das ist die sich aufdrängende Schlußfolgerung, ob man nun die großen oder die kleinen Ereignisse betrachtet.

(G 136)

Alle Formen des Niedergangs sind da, um mir Halt zu verleihen. (TH 39)

Überzeugungen hat nur, wer nichts vertieft hat. (NG 108)

Man fragte Fontenelle, als er fast hundert Jahre alt war, wie es ihm gelungen sei, nur Freunde und keinen Feind zu haben.

– Indem ich zwei Axiomen folgte: Alles ist möglich, und alle Menschen haben recht. (CA 206)

Welches Glück für den Romancier und den Dramatiker, daß sie sich verkleidet ausdrücken können, sich ihre Konflikte und mehr noch die verschiedenen Gestalten, die in ihrem Inneren miteinander streiten, vom Halse schaffen können! Beim Essayisten steht es ganz anders, er ist in einem undankbaren Genre verfangen, in das er seine eigenen Unvereinbarkeiten nur hineinprojizieren kann, wenn er sich auf Schritt und Tritt widerspricht. Etwas freier ist man beim Aphorismus – dem Sieg eines zerspaltenen Bewußtseins. (ZF 115)

Je mehr man den Menschen verabscheut, um so reifer wird man für Gott, für ein Zwiegespräch mit *niemandem*. (ZF 42)

So sehr haben die Heiligen aus dem leichten Paradox ihre Zuflucht gemacht, daß es unmöglich ist, sie in den Salons nicht zu zitieren. (SB 57)

Immer hat man einen über sich. Jenseits Gottes *erhebt* sich das Nichts. (ZF 105)

Alles geschieht zu spät, alles *ist* zu spät. (ZF 88)

Die Existenz ließe sich rechtfertigen, wenn jeder sich so benehmen würde, als sei er der letzte der Lebenden. (ZF 126)

Zum Sterben ist eine ungeheure Demut nötig. Erstaunlich, daß alle Menschen dafür den Beweis erbringen. (ZF 88)

Glück und Unglück machen mich gleicherweise unglücklich. Wieso ziehe ich dann ersteres manchmal vor? (ZF 68)

Wunderbar ist, daß jeder Tag uns einen neuen Grund zum Verschwinden liefert. (ZF 124)

»Dies Leben, das ich so abgöttisch liebe, ist mir ein Greuel!« (LZ 219)

Es gibt Schlimmeres als Antisemitismus: Anti-Antisemitismus. (SuF 742)

Ohne Scheitern keine geistige Vollendung. (SuF 758)

Nirgendwo eine noch so geringe Spur von Wirklichkeit, außer in meinem Wahrnehmen der Nicht-Wirklichkeit. (NG 87)

Parks sind *positive* Wüsten. (GD 121)

Ein Langweiler ist ein zur Langeweile Unfähiger. (GD 124)

Das ideale Wesen? Ein vom Humor verwüsteter Engel. (NG 137)

Nur zwischen Geistern, die bestrebt sind, ihre Ratlosigkeit zu festigen, ist ein Gespräch fruchtbar. (G 151)

Die Tatsache, daß das Leben keinen Sinn hat, ist ein Grund, um zu leben. Übrigens der einzige. (ZF 46)

Schlaflosigkeit

Es gehört zu Ciorans intellektuellem Markenzeichen, daß er den oft als qualvoll erlebten Zustand der Schlaflosigkeit für seine Art des Philosophierens zu nutzen verstand. Und dies nicht nur, wenn er einen »Clan der Schlaflosen« *gründen will oder die personifizierte Schlaflosigkeit als Verfeinerin seiner skeptischen Impulse hymnisch besingt. Nach eigenen Angaben in seinen jungen Jahren sieben Jahre nahezu ohne Schlaf, erfuhr er das besondere Licht der ›weißen Nächte‹ und ist in ihnen intensiv und unabweisbar wohl den Fragen und Themen begegnet, die ihn zeit seines Lebens umgetrieben haben. Denn die Schlaflosigkeit – als eine Weltbegegnung der dritten Art zwischen Schlafen und Wachen – vermag das Denken (das Freud einmal bildhaft als* Probehandeln *umschrieben hat) in ungeheurer Weise gleichermaßen in Bewegung und zum Stillstand zu bringen. Und die luziden Momente, nach denen Cioran stets Ausschau hielt, dürften während dieser Spannen häufiger auftreten als während ›normaler‹ Phasen des Schlafens oder Wachens. Kaum ein Zustand ist dem bürgerlichen Leben mit seiner calvinistischen Ethik derart entgegengesetzt als der der Schlaflosigkeit mit seinem besonderen Zeiterleben und seiner nicht ungefährlichen Vergrößerungskraft. Cioran ist ehrlich genug, darauf hinzuweisen, daß ihm seine Eltern die* »schlaflosen Nächte finanziert« *und damit wesentliche Zugänge zu seinen Obsessionen ermöglicht hätten. Denn wie viele seiner Gedanken sind nicht Nachtgedanken? Und wie viele vor allem seiner aphoristischen Texte sind nicht nachts – in den endlosen Augenblicken der Dunkelheit und Einsamkeit – in ihrer ersten Form zur Sprache gekommen? Die Arbeit, die er während des Tages dann damit hatte, galt vermutlich eher dem Stil als der Substanz. Offen für das Unerhörte und Beunruhigende, hat*

Cioran vor allem aus seinen lichten Nächten geschöpft – denn nachts tritt nicht selten das zutage, was sich am Tage nicht zeigen darf.

Anrufung der Schlaflosigkeit

Ich war siebzehn Jahre alt, und ich glaubte an die Philosophie. Was nicht mit ihr zusammenhing, schien mir Sünde oder Unflat. Die Dichter? Hanswurste zur Unterhaltung der Weibsbilder. Handeln und Tun? Delirierender Schwachsinn. Liebe und Tod? Vorwände aus dem Hinterhaus, die sich der Ehre der Begrifflichkeit entziehen. Pestilenz eines Weltalls, das der Wohlgerüche des Geistes unwürdig ist ... Das Konkrete – welch ein Schandfleck! Sich freuen oder leiden – welch eine Schmach! Einzig die Abstraktion schien mir lebendig zu pulsen. Ich verrichtete Heldentaten bei Dienstmädchen, aus Furcht, ein vornehmerer Gegenstand vermöchte mich gegen meine Prinzipien verstoßen zu lassen und mich der Ohnmacht des Herzens auszuliefern. Immer wieder sagte ich mir: nur das Bordell ist mit der Metaphysik vereinbar; und so lauerte ich, um der Poesie zu entgehen, auf die Blicke der Hausmädchen und auf die Seufzer der Dirnen.

... Und da kamst du, Schlaflosigkeit, um mein Fleisch und meinen Stolz wachzurütteln, du, die du den Ungeschlachten verwandelst, seine Instinkte abstufst und seine Träume entfachst, die du in einer einzigen Nacht mehr Wissen spendest als all die in Ruhe beschlossenen Tage, da enthülltest du dich den schmerzenden Augenlidern als ein Ereignis von größerer Bedeutung als die Krankheiten ohne Namen oder die Katastrophen der Zeit! Du ließest mich das Schnarchen der Gesundheit vernehmen, die Menschen, wie sie untertauchen in einem sonoren Vergessen, während meine Einsamkeit eins ward mit der Finsternis ringsumher und noch ausgedehnter als sie. Alles schlief, alles schlief für alle Zukunft. Kein Morgen mehr, der heraufdämmert: ich werde wach bleiben bis ans Ende der Zeiten: dort wird man mich erwarten und Rechenschaft verlangen über meine nichtgeträumten Träume ... Eine Nacht glich der anderen, jede Nacht war immerwährend. Ich fühlte mich eins mit allen jenen, die nicht schlafen können, mit all den unbekannten Brüdern. Wie die Lasterhaften und die Fanatiker hatte auch ich mein Geheimnis; wie sie hätte auch ich gern einen Clan begründet, dem man alles verzeihen, hingeben, hinopfern konnte: den Clan der Schlaflosen. Der erst beste, dessen Lider schwarz waren vor Müdigkeit, galt mir als genial, und für einen Geist, der schlafen konnte, mochte er auch eine Zierde der Wissenschaften und der Künste sein, hatte ich keinerlei Bewunderung übrig. Ich hätte mit einem Tyrannen Kult getrieben, der, um sich für seine Nächte zu rächen, die Ruhe verboten, das Vergessen bestraft, Unglück und Fieber zum Gesetz erhoben hätte.

Und das war der Augenblick, da ich an die Philosophie appellierte: aber keine Idee kann Trost sein im Dunkel, kein System hält den durchwachten Nächten stand. Unter der Analyse der Schlaflosigkeit fallen die Gewißheiten auseinander. Solcher Zerstörungen müde, war ich so weit, mir zu sagen: Genug des Zögerns, nun heißt es schlafen oder sterben, den Schlummer zurückerobern oder verschwinden ...

Aber diese Wiedereroberung ist nicht leicht: wenn sie beinahe schon gelungen ist, merkt man, wie sehr man von den Nächten gezeichnet ist. Du liebst? Mit deiner Beschwingtheit ist es für immer vorbei; aus jeder »Ekstase« wirst du hervorkommen wie aus einer Wonnenschrecknis: den Blicken deiner allzu nahen Nachbarin wirst du das Gesicht eines Verbrechers zuwenden; ihrem aufrichtigen Sinnestaumel wirst du mit der Erregtheit einer vergifteten Wollust begegnen und ihrer Unschuld mit der Poesie des

Schuldigen – denn alles wird für dich Poesie werden, jedoch Poesie der Schuld … Kristallklare Ideen, eine glückliche Verkettung der Gedanken? Du wirst nicht mehr denken: es wird ein Vulkanausbruch sein, ein Lavastrom von Begriffen, ohne Festigkeit und Zusammenhang, ausgespieene, feindselige, den Eingeweiden entquollene Begriffe, Strafen, die das Fleisch sich selber auferlegt, da der Geist, Opfer der Launen, unbeteiligt ist … Unter allem wirst du – über alle Maßen – zu leiden haben: ein leichtes Wehen wirst du wie einen Wirbelsturm empfinden; eine leise Berührung wie einen Dolchstoß; ein Lächeln wie eine Ohrfeige; eine Bagatelle wie eine Naturkatastrophe. – Denn die durchwachten Nächte können zwar ein Ende nehmen; ihr Licht jedoch lebt in dir fort: nicht ungestraft blickt man in die Finsternis; nicht ungefährdet geht man bei ihr in die Lehre; es gibt Augen, die nichts mehr zu lernen vermögen von der Sonne; und Seelen, die krank sind von Nächten, von denen sie niemals genesen werden … (LZ 204 ff.)

Es ist unmöglich, an Schlaflosigkeit zu leiden und zugleich einen Beruf auszuüben. Hätten mir meine Eltern in der Jugend nicht meine schlaflosen Nächte *finanziert*, so hätte ich mir sicher das Leben genommen. (ZF 15)

In den Nächten, in denen man schlecht schläft, kommt ein Augenblick, wo man aufhört unruhig zu sein, wo man die Waffen streckt: eine Ruhe folgt darauf, unsichtbarer Sieg, höchster Lohn nach den Qualen, die ihm vorausgingen. *Hinnehmen* heißt um die Grenzen wissen. Nichts kommt einem aufgebenden Kämpfer gleich, nichts geht über die Ekstase der Kapitulation … (G 119)

Drei Uhr morgens. Ich nehme diese Sekunde wahr, dann jene, ich ziehe die Bilanz jeder Minute.

Wozu das alles! – *Weil ich geboren wurde.*

Aus durchwachten Nächten besonderer Art erwächst die Infragestellung der Geburt. (NG 5)

Der Schlaflose ist notwendigerweise ein Theoretiker des Selbstmordes. (CA 191)

In den schlaflosen Nächten verfolgen wir den Lauf der Zeit rückwärts und erleben aufs neue Urängste und -freuden, Ereignisse, die vor unserer Geschichte, weit vor unseren Erinnerungen stattgefunden haben. Die Schlaflosigkeit bewirkt eine Rückkehr zu den Ursprüngen, versetzt uns in die Anfänge der Menschheit. Sie vertreibt uns aus der Zeitlichkeit und zwingt uns, auf unsere allerletzten Erinnerungen, die zugleich die allerersten sind, zu hören. In dieser musikalischen Zersetzung verbrauchen wir unser Vorleben, schöpfen unsere Vergangenheit aus. Haben wir dann nicht das Gefühl, daß wir gestorben sind und die Zeit mit uns davontragen? (TH 25)

Während der langen Höhlennächte müssen zahlreiche Hamlete unaufhörlich monologisiert haben, denn die Mutmaßung ist gestattet, daß der Höhepunkt der metaphysischen Grübelei lang vor jener universalen Fadheit erreicht war, die dem Aufbruch der Philosophie gefolgt ist.

(NG 21)

Schlaflosigkeit.

»Als der Vogel des Schlafs in meiner Pupille sein Nest bauen wollte, sah er die Wimpern und erschrak vor dem

Fangnetz.« (Ben al-Hammara, arabischer Dichter aus Andalusien, 12. Jahrhundert) (SuF 740)

Die Rolle der Schlaflosigkeit in der Geschichte. Von Caligula bis Hitler. Ist die Unfähigkeit zu schlafen die Folge von Grausamkeit? Der Tyrann liegt *wach*: Eben das definiert ihn. (SuF 740)

Die Schlaflosigkeit ist die einzige Form von Heldentum, die mit dem Bett vereinbar ist. (SB 85)

Der Schlaf wäre zu etwas nütze, wenn man sich jedesmal beim Einschlafen übte, sich sterben zu sehen; nach einigen Jahren des Trainings würde der Tod alles Prestige verlieren und nur mehr als eine Formalität oder eine Schikane erscheinen. (VS 104)

Zweierlei Geister: des Tages und der Nacht. Sie haben weder die gleiche Methode noch die gleiche Moral. Am hellen Tag beobachtet man sich, in der Dunkelheit sagt man alles. Die heilsamen oder ärgerlichen Folgen dessen, was er denkt, gelten dem nicht viel, der sich in den Stunden befragt, in denen die anderen dem Schlaf verfallen. Auch dreht und wendet er den Gedanken an die Mißlichkeit, geboren zu sein, ohne sich um das Böse zu bekümmern, das er anderen oder sich selbst zufügen kann. Nach Mitternacht beginnt der Rausch der verderblichen Wahrheiten.

(NG 18)

Der Schlaf ist ein besseres Mittel gegen den Kummer als die Zeit. Die Schlaflosigkeit hingegen, die die geringste Unannehmlichkeit aufbauscht und in einen Schicksalsschlag verwandelt, wacht über unsere Wunden und verhindert, daß sie vernarben. (ZF 81)

Die Schlaflosigkeit scheint die Tiere zu verschonen. Würden wir sie einige Wochen vom Schlaf abhalten, so träte eine radikale Veränderung ihrer Natur und ihres Verhaltens ein. Sie würden Empfindungen haben, die ihnen bisher unbekannt waren und als unser ureigenes Vorrecht galten. Verkorksen wir das Tierreich, falls wir wollen, daß es uns einholt und unsere Stelle einnimmt! (ZF 50)

Schlaflose Nacht. Unglaublich, wie einem mitten in der Nacht Selbstmord als das Allernormalste erscheint. (...)

Am Morgen nach einer schlaflosen Nacht verfällt man fast immer dem Bedürfnis zu prophezeien. (SuF 749)

Man lernt mehr in einer schlaflosen Nacht als in einem Jahr guten Schlafs. Anders ausgedrückt: eine Tracht Prügel ist geistig unvergleichlich viel fruchtbarer als eine Siesta. (ZF 13)

Ein Professor aus Osteuropa erzählt mir, daß seine Mutter, eine Bäuerin, sehr erstaunt war, zu erfahren, daß er an Schlaflosigkeit litt. Ihr genügte es, wenn der Schlaf nicht kam, sich ein großes Weizenfeld vorzustellen, über das der Wind strich, und sogleich schlief sie ein.

Mit dem Bild einer Stadt käme man nicht zum gleichen Ergebnis. Es ist unerklärlich, es grenzt ans Wunder, daß ein Städter es jemals fertigbringt, einzuschlafen. (NG 51)

Auf jenem makellosen Blatt lief eine Unter-Mücke mit vollem Tempo. »Warum so eilig? Wohin gehst du, was suchst du? Gib's auf!« rief ich mitten in der Nacht. Ich hätte mich so gefreut, wenn sie einen Rückzieher gemacht hätte! Es ist schwieriger als man glaubt, Adepten zu gewinnen!

(ZF 142)

»Auf wie viele durchwachte Nächte kannst du zurückblikken?« – mit dieser Frage sollten wir an jeden Denker herantreten. (LZ 121)

Odyssee der Ranküne

Wir verwenden die meiste Zeit unserer schlaflosen Nächte dazu, unsere Feinde zu zerfetzen, ihnen Augen und Eingeweide herauszureißen, ihre Adern zu pressen und auszuleeren, jedes ihrer Organe zu zerstampfen und zu zermahlen, wir gönnen ihnen barmherzigerweise gerade noch ein Recht auf ihr Skelett. Nach diesem Zugeständnis beruhigen wir uns, denn wir sind richtig müde geworden und sinken sanft in den Schlaf. Eine sehr wohlverdiente Ruhe nach soviel Eifer und Genauigkeit. Übrigens müssen wir unsere Kräfte wiederherstellen, um das Verfahren in der nächsten Nacht von neuem zu beginnen, eine Arbeit wiederaufnehmen zu können, die einem Herkules, auch wenn er Schlächter von Beruf wäre, den Mut nehmen würde. Ganz entschieden – Feinde haben, das ist keine Sinekure.

Das Programm unserer Nächte würde nicht so belastet sein, wenn es uns am Tage erlaubt wäre, unseren schlimmen Trieben freien Lauf zu lassen. Um zwar nicht das Glück, aber wenigstens das Gleichgewicht zu erringen, müßten wir einen guten Teil unserer Mitmenschen aus der Welt schaffen, Tag für Tag den Massenmord praktizieren, nach dem Vorbild unserer hochgesegneten und weit entfernten Vorväter. Doch nicht so sehr gesegnet, mag man einwenden, denn die schwache Bevölkerungsdichte des Höhlenzeitalters gestattete ihnen kaum, sich immerfort nur gegenseitig umzubringen. Meinetwegen! Doch sie hatten Kompensationen, sie waren besser dran als wir: zu jeder beliebigen Stunde des Tages konnten sie auf Jagd gehen, über die wilden Tiere herfallen, und das waren auch Mitgeschöpfe, die sie niedermachten. Im Blutvergießen geübt, konnten sie ihre Tollwut ohne Mühe stillen; sie brauchten ihre mörderischen Absichten nicht zu verheimlichen oder aufzuschieben, im Gegensatz zu uns, die wir dazu verdammt sind, unsere Wildheit zu überwachen und im Zaum zu halten, sie in uns leiden und stöhnen zu lassen, wir, die wir abwarten müssen und genötigt sind, unsere Racheakte zu verzögern oder ganz auf sie zu verzichten. (GU 66f.)

Die Schlaflosigkeit spendet uns ein Licht, das wir zwar nicht wünschen, zu dem wir aber unbewußt hinstreben. Wir verlangen danach, gegen unseren Willen, gegen uns selbst. Durch sie hindurch und zu Lasten unserer Gesundheit – suchen wir etwas anderes: gefährliche, schädliche Wahrheiten, all das, was der Schlaf uns zu ahnen verwehrt. Und doch befreien uns die schlaflosen Nächte einzig von unseren Bequemlichkeiten und Fiktionen, um uns vor einen versperrten Horizont zu stellen: *Sie beleuchten unsere Sackgassen.* (WK 47)

Skepsis

Cioran, dieser fröhliche Produzent von Irritationen, hat es den Zuordnern und Klassifikatoren nicht leicht gemacht. Und vielleicht besteht eine philosophische Wirkung dieses erklärten Antiphilosophen darin, nicht allein die Einordnung seiner Person wie seiner Schriften problematisiert, sondern auch auf die Gefahren hingewiesen zu haben, die durch das weitverbreitete Bedürfnis nach Einordnung und Fest*schreibung entstehen können. Cioran fühlte sich der skeptischen Tradition nahe, ohne sich jedoch seinen ›Vorgängern im Zweifeln‹ einfach zuzurechnen. In verschiedenen Essays, aphoristischen Texten und Gesprächen hat er eine Reihe bedenkenswerter Überlegungen zu unterschiedlichen Formen von Skepsis und Skeptikern angestellt und dabei wichtige Nuancierungen und Unterscheidungen beigesteuert. Anregend sind seine diesbezüglichen Anmerkungen vor allem deswegen, weil er – hinter dem Gedröhn seiner Provokationen und Paradoxien – seiner eigenen Skepsis gegenüber skeptisch bleibt und so die latenten Dogmatisierungstendenzen, von der auch Skeptiker nicht frei sind, zu Bewußtsein bringt. Denn ohne den nötigen Bezweiflungsmut gerade auch den eigenen Gewißheitsfundamenten gegenüber kann eine bewegliche Skepsis unmerklich zum Skeptizismus erstarren. Cioran, der sich von seinem Temperament her nicht als Skeptiker sieht, bleibt in seiner philosophischen Haltung trotz der Zuneigung, die er für den Zweifel hegt, doch stets skeptisch. Man kann diese Nuance seiner Widersprüchlichkeit vielleicht auch so fassen: Cioran wirkt in seinen Texten (wie vielleicht auch in seinem Leben) eher* skeptisch *denn als* Skeptiker.

Die Skepsis ist eine Übung in Entfaszination. (VS 113)

Ob mich nun der Buddhismus oder der Katharismus oder irgendein System oder Dogma anzieht, ich bewahre einen Grund von Skepsis, den nichts je beeinträchtigen kann und zu dem ich nach jeder meiner Begeisterungen zurückkehre. Ob diese Skepsis angeboren oder erworben ist, sie erscheint mir jedenfalls als eine Gewißheit, ja, als eine Befreiung, wenn jede andere Form des Heils verdämmert oder mich verwirft. (VS 112)

Ich bin mir über meine Einstellung zur Skepsis nicht im klaren. Ich habe in meinem Leben nicht viel geschrieben, aber ich habe immer wieder von Skepsis gesprochen. Vielleicht bin ich ein *falscher* Skeptiker, obwohl ich mich selbst als einen echten sehe. Von meinem Temperament her bin ich, wie Sie sehen, kein richtiger Skeptiker. Ein Skeptiker ist ein kühler Mensch, der alles gründlich analysiert. Der Skeptizismus hat eine große Rolle für mich gespielt, insofern er mich ab und zu besänftigt hat. Der universelle Zweifel kann ein Stillungsmittel sein. Wenn man überzeugt ist, daß es keine Gewißheit gibt, ist der Zweifel unvermeidlich. Ich habe mit *Wollust* gezweifelt, was ein Skeptiker nicht macht. Er ist jemand, der Abstand hat von seinen Ideen und von dem, was er ist. Er bezweifelt alles, aber er ist Herr seiner selbst. Er beherrscht sich. Das ist nicht mein Fall. Und wenn ich Gründe hatte, verzweifelt zu sein, war der Zweifel meine Rettung. Deswegen empfinde ich eine so große Zärtlichkeit für ihn und habe mich immer dankbar zu ihm bekannt, bin ihm immer wie ein Süchtiger treu geblieben. (GeBerg 47f.)

Der Skeptizismus, zuerst nur Instrument oder Methode, hat sich schließlich in mir eingenistet, er wurde zu meiner Physiologie, zum Schicksal meines Körpers, zum Prinzip meines Stoffwechsels, zu einer Krankheit, von der ich weder weiß, wie ich von ihr genesen noch wie ich an ihr zugrunde gehen soll. Meine Vorliebe – dies ist nur allzu wahr – wendet sich Dingen zu, die keinerlei Aussicht haben, sich zu erfüllen oder zu überleben. (DS 116)

Jeden Tag benötige ich meine Portion Zweifel. Ich ernähre mich wortwörtlich davon. Nie war ein Skeptizismus so organisch. Und dennoch sind all meine Reaktionen die eines Hysterikers. Geben Sie mir Zweifel und noch mehr Zweifel! Sie sind besser als meine Nahrung, sie sind meine Droge. Ich kann nicht ohne sie auskommen. Ich bin lebenslang süchtig. Wenn ich also einen entdecke, egal welchen, stürze ich mich darauf, verschlinge, verleibe ihn meinem Wesen ein. Denn meine Fähigkeit, Zweifel zu assimilieren, ist grenzenlos. Ich verdaue sie alle, sie sind mein Lebensunterhalt und mein -sinn. Ich kann mir mich ohne Zweifel nicht vorstellen. Geben Sie mir Zweifel, immer und fortwährend Zweifel. (CA 96)

Neben dem strengen oder, wenn man will, dem orthodoxen Skeptiker (...) gibt es noch einen anderen, häretischen, sprunghaften, der den Zweifel nur in einzelnen Schüben über sich ergehen läßt, wenn er auch durchaus dafür anfällig wäre, ihn zu Ende zu denken und die letzten Konsequenzen daraus zu ziehen. Auch er wird zwar die Aufhebung der Werturteile erleben und die Annullierung der Empfindungen, aber nur innerhalb der Zeitspanne einer *Krise*, die er überwinden wird; er wird in den Raum der Unentschiedenheit, in den er sich gestürzt sieht, einen Inhalt und einen Schauer hineinprojizieren, die dort kaum angebracht zu sein scheinen. So macht er einen jähen Sprung aus den Aporien hinaus, in denen sein Geist vegetierte, er geht von der

Erstarrung unmittelbar zum Frohlocken über und erhebt sich zu einem halluzinierten Enthusiasmus, der das Gestein poetisch stimmen müßte, wenn es noch Gestein gäbe. Nirgends mehr Konsistenz, alles verwandelt sich, alles verschwindet, er allein bleibt bestehen, gegenüber einem triumphierenden leeren Raum. Frei von den Fesseln der Welt und denen des Verstandes, vergleicht er, auch er, sich mit Gott, doch der wird diesmal jeden Rahmen sprengen, er wird exzessive Ausmaße haben, trunken, überflutet von den Trancezuständen der Schöpfung, und dieses Gottes Vorrechte wird er zu seinen eigenen machen. Unter dem Einbruch einer plötzlichen Allwissenheit, einer wunderbaren Minute läßt das Mögliche die Zukunft im Stich, löst sich ganz im Augenblick auf, der davon anschwillt und sich bis zum Zerplatzen ausdehnt. (AZ 57f.)

Niemand ist so wenig geheimnisvoll wie der Skeptiker, und dennoch ist er von einem bestimmten Moment an nicht mehr von dieser Welt. (VS 98)

Die Skepsis ist der *Glaube* der schwankenden Geister. (VS 118)

Wenn der Skeptiker notfalls zugibt, daß es die Wahrheit gibt, läßt er den Naiven die Illusion, anzunehmen, sie eines Tages zu besitzen. Was mich angeht, erklärt er, ich halte mich an die äußeren Erscheinungen, ich konstatiere sie und hänge ihnen nur in dem Maße an, in dem ich als lebendiges Wesen nicht anders kann. Ich handle wie die anderen, ich führe die gleichen Handlungen aus wie sie, aber ich gehe weder in meinen Worten noch in meinen Gesten auf, ich füge mich den Sitten und Gesetzen, ich tue so, als ob ich die Auffassungen, das heißt die Marotten meiner Mitbürger teile, obgleich ich weiß, daß ich letztlich ebensowenig *wirklich* bin wie sie.

Was ist also ein Skeptiker? – Ein – konformistisches – Phantom. (G 128)

Du mußt den Geist eines griechischen Skeptikers und das Herz eines Hiob haben, um die Gefühle *in sich selbst* zu erleben: schuldlose Sünde, grundlose Trübnis, ursachenloser Gewissensbiß, gegenstandsloser Haß ... (GD 12)

Man macht den Skeptiker fertig, man spricht von der »Automatik des Zweifels«, während man einem Gläubigen nie sagt, daß er »in die Automatik des Glaubens gefallen« ist. Und doch gehört zum Glauben mehr Schablone als zum Zweifel, der die Entschuldigung hat, von einer Überraschung in die andere zu stürzen – allerdings, das ist wahr, innerhalb der Ratlosigkeit. (NG 124 f.)

Jeder, der auf die Ausgewogenheit seines Denkens Wert legt, wird sich davor hüten, gewisse wesensbestimmende Superstitionen anzutasten. Für unseren Geist ist das eine Lebensnotwendigkeit, die der Skeptiker gering schätzt, da er nichts zu bewahren hat und weder die Geheimnisse noch die Verbote respektiert, die für den Bestand der Gewißheiten unentbehrlich sind. Was liegt ihm an Gewißheiten! Die Funktion, die er sich anmaßt, besteht darin, sie durchzuwühlen, ihren Ursprung zu enthüllen, um sie bloßzustellen, also die Grundlage, auf der sie sich aufbauen, kenntlich zu machen, die sich schon bei leichtester Prüfung nicht mehr von einer Hypothese oder einer Illusion unterscheiden läßt. Ebensowenig wird er das Geheimnis verschonen, er wird darin eben nur eine Grenze erkennen, die die Menschen aus

Schüchternheit oder Faulheit ihren Fragestellungen und ihren Beunruhigungen gesetzt haben. Was dieser Antifanatiker mit einer solchen Unduldsamkeit durchsetzen will, ist hier wie überall *der Zusammenbruch des Unverletzlichen.* (AZ 51 f.)

Skepsis ist die Wollust der Sackgasse. (SuF 757)

Jeder allzu angespannte Wille verursacht Tragödien. Der Skeptizismus bekämpft am meisten den Willen. [Anm.: über dem Wort »attaque« steht das Wort »ronge«, zernagen, ätzen.] Darum ist ein Skeptiker als tragischer Held kaum vorstellbar. Und dennoch gibt es einen Hauch von Tragödie bei einem zu weit getriebenen Skeptizismus. Er war hartnäckig sogar in seinem Zweifel. (Akzente 353)

Wie groß ist die Schuld des Christentums, die Skepsis korrumpiert zu haben! Ein Grieche würde niemals den Seufzer mit dem Zweifel verbunden haben. Er würde voller Schrekken vor Pascal zurückweichen und noch mehr vor der Inflation der Seele, die seit Johannes vom Kreuz den Geist entwertet. (SB 59)

Ohne unsere Zweifel an uns selbst wäre unsere Skepsis toter Buchstabe, gewohnheitsmäßige Einsatzscheu oder philosophische Doktrin. (SB 7)

Nichts ist einfacher, als sich vom philosophischen Erbe abzusetzen, denn die Wurzeln der Philosophie machen bei unseren Ungewißheiten halt, während die der Heiligkeit im tiefsten noch über das Leid hinausgehen. Die äußerste

Kühnheit der Philosophie ist der *Skeptizismus*. Jenseits davon kennt sie nur das Chaos.

Ein Philosoph kann der Mittelmäßigkeit nur durch den Skeptizismus oder durch die Mystik, die zwei Formen der Verzweiflung angesichts der *Erkenntnis*, entkommen. Die Mystik ist eine Flucht aus dem Erkennen, der Skeptizismus ein Erkennen ohne Hoffnung. Zwei Weisen zu sagen, daß die *Welt* keine *Lösung* ist. (TH 27)

Der Zweifel dringt überall ein, mit einer bemerkenswerten Ausnahme jedoch: es gibt keine *skeptische Musik*. (ZF 112)

Faulheit ist Skeptizismus des Fleisches. (GD 137)

In einem hervorragend aus dem Englischen übersetzten Werk ein einziger Makel: Die »Abgründe des Skeptizismus«. Es müßte heißen, des *Zweifels*, denn das Wort Skeptizismus beinhaltet im Französischen eine Nuance von Dilettantismus, sogar von Leichtsinn, die mit der Idee des Schlundes unvereinbar ist. (ZF 126)

Die Skepsis, die nicht zur Zerrüttung unserer Gesundheit beiträgt, ist nur ein intellektuelles Exerzitium. (SB 43)

Man ist an mich herangetreten wegen eines Colloquiums im Ausland, weil man offenbar mein Schwanken und Zögern benötigt.

Der Skeptiker vom Dienst einer untergehenden Welt. (ZF 20)

Mein Skeptizismus ist vom Taumel nicht zu trennen, ich habe nie verstanden, wie man aus *Methode* zweifeln kann. (CA 13)

Nichts definieren gehört zu den Pflichten des Skeptikers. Aber wie kann man sich gegen die Aufgeblasenheit wehren, die durch die unbedeutendste Definition, die wir gerade gefunden haben, hervorgerufen wird? Definieren ist eine der eingefleischtesten Manien, sie muß mit dem ersten Wort entstanden sein. (G 151)

Für die Philosophen sind Sie eine moderne Ausgabe des Skeptikers. Was halten Sie davon, und wie würden Sie den Skeptizismus definieren?

Er ist eine unentwegte Infragestellung, die instinktive Absage an jede Gewißheit. Der Skeptizismus ist eine höchst philosophische Haltung, aber paradoxerweise ist er nicht das Ergebnis einer Entwicklung, er ist angeboren. Man kommt als Skeptiker zur Welt. Das verhindert oberflächliche Ausbrüche von Begeisterung nicht. Man hält mich gewöhnlich für leidenschaftlich, und das ist sicher wahr, in gewisser Hinsicht. Aber mein Fundament bleibt Skepsis, und die Fähigkeit, alles Evidente in Frage zu stellen, gibt den Ausschlag. Zweifelsohne braucht man Gewißheit, um handeln zu können. Schon die geringste Überlegung unterminiert jede spontane Zustimmung. Wir stellen schließlich immer fest, daß nichts Bestand hat, daß alles unbegründet ist: der Skeptizismus oder die Oberherrschaft der Ironie.

Die Wurzeln des Zweifels reichen ebenso tief wie die der Gewißheit. Der Zweifel ist nur seltener, ebenso selten wie die Luzidität, und das Schwindelerregende ist damit verknüpft.

Sie weisen oft auf die Ambivalenz des Zweifels hin, der lebensspendend und zersetzend zugleich ist.

Der taktvolle Zweifel überfeinerter Menschen ist nur eine Form, den Ereignissen gegenüber einen ehrenhaften Abstand einzuhalten. Es gibt hingegen einen zersetzenden Zweifel, den man einer Krankheit gleichsetzen kann: er zerfrißt das Individuum und kann es sogar zerstören. Dieser exzessive Zweifel ist meist nur eine Etappe. Er ruft den Sprung in den Glauben hervor, denn dieser schwindelerregende Zweifel kann sich nicht lange behaupten. Oft geht er den Bekehrungen, religiösen oder andersgearteten, voraus. Alle Mystiker haben heftige Bestürzungen, die dem Zusammenbruch nahekommen, erlebt. Daher stellt sich unweigerlich die Frage: Bis wohin kann man im Zweifel gehen? Die Antwort ist einfach: Man stagniert darin oder bricht wieder aus ihm aus. Der Zweifel ist Lähmung oder Sprungbrett.

Ihre Erläuterungen erinnern mich an die Ausführungen G. Thibons, als er den Skeptiker mit dem Gläubigen verglich: »Der Skeptiker hat keine Illusionen, aber da er an allem zweifelt, schreitet er nicht voran; der echte Gläubige zweifelt, aber dennoch kommt er voran, er schreitet auf seinem eigenen Zweifel.« Der Glaube ist also eine der Möglichkeiten, aus dem Zweifel auszubrechen.

Sicher. Dort, wo der Glaube latent weiterbesteht, ist der Zweifel eine wesentliche, ja zwangsläufige Etappe. Jener, der nicht damit infiziert worden ist, kann es im spirituellen Bereich nicht sehr weit bringen. Der heroische Akt der Überschreitung ist unumgänglich. Es gibt aber einige, die den Zweifel nicht übersteigen können, da sie mit einer organischen Unfähigkeit zu glauben geschlagen sind. Dazu gehöre ich. Ich bin ein unheilbarer Zweifler. Sehr oft habe ich während meines Lebens die religiöse Versuchung gespürt, ich vertiefte mich in die Lektüre der Mystiker, ich glaube sogar, sie verstanden zu haben, aber als der Augenblick kam, den Sprung in den Glauben zu wagen, rebellierte etwas in mir: »Nein, du wirst nicht mehr weitergehen.« Als ich »Von Tränen und von Heiligen« geschrieben habe, machte ich innerlich einen wirklichen Kampf zwischen der Versuchung zu glauben und ihrer Verweigerung durch. Dennoch konnte ich nie den Zweifel überschreiten.

Die Faszination des Negativen ist mir so wesensgemäß, daß ich unaufhörlich ihr Vorhandensein in mir spüre.

Aber vielleicht bildet gerade diese Negativität den Antrieb für eine spirituelle Überschreitung. Der Masochist erleidet das Bedürfnis, sein Ego zu demütigen, um sich besser davon zu befreien, im Grunde, um zu vergehen. Wir stellen fest, daß die großen Skeptiker weise Menschen sind. Kann nicht also der Skeptizismus eine Art von Spiritualität sein, die besonders für unsere Zeit geeignet ist?

Ich bin unfähig zu sagen, ob diese Geisteshaltung andauern wird, ob sie die der Zukunft ist oder ob sie nur einem vorübergehenden Erwachen gleichkommt. Wie auch immer, ich erlebe zum erstenmal eine solche Absage an die Illusion und einen solchen Zusammenbruch der Dogmen. Es trifft aber zu, daß alle verheerenden, geschichtlichen Niederlagen ein Aufblühen des Skeptizismus zur Folge hatten. Der intellektuelle Glanz der Antike erlosch mit dem Durchbruch des Christentums. Es war unvorstellbar, daß kultivierte Geister sich in ein so naives Wunschbild vernarrten. Die Anklagerede des Celsus bleibt weiterhin das pathetischste und lehrreichste Dokument der Bestürzung eines Heiden angesichts des Hereinbrechens des christlichen Glaubens.

Der Zynismus geht oft Hand in Hand mit dem Skeptizismus. Wie unterscheiden Sie sie?

Eine fast lasterhafte Gier nach Negation, ein unbezwingbarer Wille, zu entlarven, zu enthüllen, treibt den Zyniker an. Etwas Diabolisches ist in ihm, ein perverses Spiel der Vernunft, das ganz der Ausgeglichenheit entgegengesetzt ist, die den Skeptiker kennzeichnet oder den Desillusionierten, jenen zweitrangigen Beklommenen, der den Skeptiker einholen kann, falls er seine Enttäuschungen und seine Verwirrungen auf die Ebene der Erkenntnis erhebt – so sehr bildet das Unbehagen die erste Stufe des philosophischen Denkens. (Jaudeau 19-23)

Bin ich ein Skeptiker, bin ich ein Flagellant? – Ich werde es nie wissen, und das ist auch besser so. (G 159)

Auswahlbibliographie

Wenngleich bislang auf deutsch eine umfassende und kritisch abgewogene Biographie über Cioran genauso wenig vorliegt wie eine ausführliche Monographie über sein gesamtes Œuvre, so gibt es doch eine Reihe von Texten, welche die Besonderheiten seines Lebens, Schreibens und Denkens in unterschiedlicher Weise spiegeln. Ergiebiger als die theoretische Sekundärliteratur – die häufig klischeehaft den Pessimismus und die Lebensverneinung des Autors betont – sind hierbei die Annäherungen und essayistischen Betrachtungen, die auf persönlichen Begegnungen beruhen.

Bachmann, Dieter: E. M. Cioran. Der Privatnachdenker, in: Information Philosophie, April 1983, S. 4-15.

Böhmer, Otto A.: Geister der Nacht. E. M. Cioran, in: Otto A. Böhmer: Schlüsselerlebnisse großer Denker von Augustinus bis Popper, München 1994, S. 186-197.

Bondy, François: E. M. Ciorans lyrischer Zynismus, in: François Bondy: Aus nächster Ferne. Berichte eines Literaten in Paris, München 1970, S. 167-172.

Bondy, François: E. M. Cioran – »Eine Hölle voller Erlöser«, in: François Bondy: Mein dreiviertel Jahrhundert, Zürich 1990, S. 151-164.

Damblemont, Gerhard: Zur Schopenhauer-Rezeption E. M. Ciorans, in: Schopenhauer-Jahrbuch Bd. 67, Frankfurt am Main 1986, S. 131-144.

Guth, Ruppert: Die Philosophie der einmaligen Augenblicke. Überlegungen zu E. M. Cioran, Würzburg 1990.

Heinrichs, Hans-Jürgen: Lehre vom Zerfall – E. M. Cioran, in: Hans-Jürgen Heinrichs: Fenster zur Welt, Frankfurt am Main 1989, S. 61-77.

Hell, Cornelius: Skepsis, Mystik und Dualismus. Eine Einführung in das Werk E. M. Ciorans, Bonn 1985.

Heres, Doris: Die Beziehungen der französischen Werke Emile Ciorans zu seinen ersten rumänischen Schriften, Bochum 1988.

Heyden-Rynsch, Verena von der: Sissi oder die Verwundbarkeit. Gespräch mit E. M. Cioran, in: Elisabeth von Österreich. Tagebuchblätter von Constantin Christomanos, hg. von Verena von der Heyden-Rynsch, nebst Beiträgen von E. M. Cioran und anderen, München 1983, S. 193-207.

Hieber, Jochen: Nein zum Leben, E. M. Cioran – der radikale Zweifler unter den zeitgenössischen Denkern. Portrait-Essay, in: Die Zeit, 8. 4. 1983.

Hirschburger, Kurt: Meine Begegnung mit E. M. Cioran, in: Almanach deutschsprachiger Schriftsteller Ärzte, 22. Jahrgang, hg. von Jürgen Schwalm, Marquartstein 1999, S. 330-340.

Kunisch, Hans-Peter: Der Akt des Denkens ist ein Giftbad. Warum man Cioran lesen muß. Und was man dabei wissen sollte, in: Literaturen 7/8 Juli / August 2001, S. 100-106.

Leonhard, Kurt: Nachbemerkung des Übersetzers, in: E. M. Cioran: Dasein als Versuchung, Stuttgart 1983, S. 258 ff.

Leopold, Ferdinand: Cioran an der Grenzscheide der (Mutter) Sprache, in: E. M. Cioran: Gedankendämmerung, Frankfurt am Main 1995, S. 255-261.

Leopold, Ferdinand: Der rumänische Schwanengesang Ciorans, in: E.M. Cioran: Leidenschaftlicher Leitfaden, Frankfurt am Main 1996, S. 143-150.

Manea, Norman: Die Aufzeichnungen von E. M. Cioran, in: Sinn und Form, 51. Jahr / 1999 / 5. Heft, S. 760-767.

Reinisch, Leonhard: Die Paradoxien des E. M. Cioran. Ein Gespräch mit Leonhard Reinisch, in: Merkur 338 (1976), S. 654-664.

Reinisch, Leonhard: E. M. Cioran. Der Lehrer vom Zerfall, in: Der Monat 2 (1982), S. 116-120.

Reschika, Richard: E. M. Cioran zur Einführung, Hamburg 1995.

Reschika, Richard: »Bewußtsein als Verhängnis« – E. M. Ciorans luzide Nachtgedanken, in: Richard Reschika: Philosophische Abenteuerer, Tübingen 2001, S. 239-257.

Savater, Fernando: Versuch über Cioran, München 1985.

Schlesak, Dieter: Begegnungen mit E. M. Cioran. Briefe, Erinnerungen, Gedanken, in: Sinn und Form, 48. Jahr / 1996 / 1. Heft, S. 78-92.

Schlesak, Dieter: Cioran, ein Meister des Briefeschreibens, in: Sinn und Form, 51. Jahr / 1999 / 1. Heft, S. 173 ff.

Schoeter, Ulrich: Emile Michel Cioran, in: Kritisches Lexikon zur fremdsprachigen Gegenwartsliteratur, hg. von Hans-Ludwig Arnold, München 1985, S. 1-10.

Schwerin, Christian Graf von: E. M. Cioran, in: Als sei nichts gewesen. Erinnerungen, Berlin 1997, S. 208-217.

Sloterdijk, Peter: Der selbstlose Revanchist, in: E. M. Cioran: »Cafard«, hg. von Thomas Knöfel und Klaus Sander, Köln 1998, S. 66-73.

Sontag, Susan: »Wider sich denken« – Reflexionen über Cioran, in: Susan Sontag: Im Zeichen des Saturn, München 1981, S. 17-39.

Stölzel, Thomas: Ein Säulenheiliger ohne Säule. Begegnungen mit E.M. Cioran, Graz–Wien 1998.

Tismaneanu, Vladimir: Rumäniens mythische Revolutionäre, in: Sinn und Form, 48. Jahr / 1996 / 1. Heft, S. 48-58.

Thoma, Friedgard: Um nichts in der Welt. Eine Liebe von Cioran, Bonn 2001.

Totok, William: Der alltägliche Antisemitismus. Tagebuchaufzeichnungen 1935-1944 des rumänienjüdischen Autors Mihail Sebastian, in: Halbjahresschrift für südosteuropäische Geschichte, Literatur und Politik, Jg. 9 (1997), Nr. 2, S. 38-44.

Suhrkamp Verlag GmbH
Torstraße 44, 10119 Berlin
info@suhrkamp.de
www.suhrkamp.de